Glaubst du an ein Leben vor dem Tod?

Ramón Heberlein

Bibliografische Information der Deutschen Nationalbibliothek

Die Deutsche Nationalbibliothek verzeichnet diese Publikation in der Deutschen Nationalbibliografie; detaillierte bibliografische Daten sind im Internet über www.dnb.de abrufbar.

Bibelzitate erfolgen in der Regel nach der Übersetzung:

Gute Nachricht Bibel, durchgesehene Ausgabe in neuer Rechtschreibung. © 2000 Deutsche Bibelgesellschaft, Stuttgart.

Stellen, an denen andere Übersetzungen verwendet werden, sind im Text per Anmerkung kenntlich gemacht.

© 2015 Ramón Heberlein

Abbildung und Covergestaltung: Ramón Heberlein

Herstellung und Verlag: BoD – Books on Demand, Norderstedt

ISBN 978-3-7347-6317-5

Für Jule

»Ich frage dich, sag mal lebst du eigentlich?«

Glaubst du an ein Leben *vor* dem Tod? Eine einfache und doch sehr elementare Frage, die ich dir hier und jetzt stellen möchte. Die Antwort darauf musst du dir selbst geben. Dieses Buch bietet dir jedoch eine Möglichkeit, dieser Frage auf den Grund zu gehen und dein Leben (neu) zu überdenken.

Im Prinzip gibt es schon tausende Bücher über Theologie und christliche Lebensweisen, Praxistipps im Glauben und allerlei an Literatur dieser Art. Wenn du bereits die Hälfte dieser Bücher gelesen hast, so rate ich dir, das Buch sofort zu schließen und es schnellstmöglich einzutauschen (gegen einen spannenden Thriller zum Beispiel). Sind es aber ein paar gelesene Bücher weniger oder haben sie nicht ganz deinen Nerv getroffen, so lohnt es sich womöglich doch noch ein Stückchen weiterzulesen.

Der Anspruch dieses Buches ist nämlich ziemlich simpel. Genau das ist es: simpel oder einfach *einfach*. Einfachheit steht (natürlich neben dem Inhalt des Buches) im Mittelpunkt. Es geht darum, ganz grundlegende Ansichten, Meinungen und Lebensweisen möglichst unkompliziert und in einfachen Worten aufzuzeigen. Was ich dabei aber gleich vorwegnehmen muss, ist die Tatsache, dass das alles hier nichts Neues ist. Es ist alles schon bekannt und doch aus einer anderen Perspektive beschrieben, im Prinzip eine Art *Plagiat*. Denn nichts von dem, was ihr hier lesen werdet, ist etwas von mir Geschaffenes. Alles, was ich zu sagen habe, habe ich aus Gedanken zu Liedern oder Predigten, die ich gehört, Filmen, die ich gesehen, Büchern, die ich gelesen oder einfach Dingen, die ich erfahren habe (was damit einschließt, dass letztendlich alles von Gott kommt und eben *nicht* von mir). Vielleicht werdet ihr hier neue theologische Erkenntnisse über die Bibel, das Christentum, die Kirche oder was auch immer bekommen. Aber darum soll es in erster Linie nicht gehen. Es geht auch nicht darum, euch zu zeigen, wie falsch *ihr* lebt und wie viel besser das *andere* machen. Es geht darum, dass ich in diesem Buch die Dinge, die ich für wichtig halte und die meines Erachtens auch Gott für ziemlich wichtig hält, klar und simpel darstellen möchte und euch vielleicht anspornen kann, über eure Lebensweise nachzudenken.

Ich habe in meinem Leben ein paar Bücher zu lesen begonnen, die ich nach kurzer Zeit wieder aus der Hand gelegt habe, da sie mir viel zu hochtrabend erschienen. Bitte nicht falsch verstehen! Ich bin mir sicher (das hab ich mir zumindest sagen lassen), dass solche Bücher hervorragenden Inhalt bieten und für viele Menschen eine reine Offenbarung sind. Wenn du also so ein Typ bist, der eher die komplizierteren Worte braucht, dann bist du hier eventuell an der falschen Adresse (und ich rate dir das Gleiche wie zu Beginn des Buches schon). Wenn du aber (wie ich) jemand bist, der in solchen Büchern jeden Satz dreimal lesen muss um ihn dann immer noch nicht vollkommen zu verstehen, dann rate ich dir, diesem Buch eine Chance zu geben. Denn, wie ich schon sagte, dieses Buch soll die grundlegenden und wichtigen Dinge des (christlichen) Lebens einfach und ohne große Umschweife beleuchten.

Des *christlichen* Lebens ist dabei ein gutes Stichwort. Das Ganze hier soll die Menschen ansprechen, soll dich ansprechen. Und da ist es ganz egal, ob du Muslime, Jude, Christ, Buddhist, Atheist oder (Gott bewahre) gar Agnostiker bist. Klar ist die Grundlage hierfür die Bibel und klar beziehe ich mich auf Jesus, aber die Lebensweise, die ich dir hier aufzeigen möchte, hat nicht allein damit zu tun, an wen oder was ich glaube. Vielmehr geht es darum, wie ich lebe (oder es zumindest versuche) und was vielleicht ein *sinnvolleres* Leben bedeutet.

Jetzt haben wir also die Motivation dieses Buches geklärt. Es bleibt die Frage, wie dieses Ding schließlich in deine Hände gelangen konnte.

Im Laufe des letzten Jahres habe ich angefangen ein paar Bücher von Shane Claiborne zu lesen, einem amerikanischen Aktivisten, der sich leidenschaftlich für die Armen einsetzt (sogar so leidenschaftlich, dass er mit seiner Lebensgemeinschaft »The Simple Way« in einem der größten Armenviertel in Philadelphia gemeinsam mit den Armen lebt).[1] Seine Bücher und sein Schreibstil (und natürlich seine Botschaft) haben mich so fasziniert, dass ich einen ganz neuen Blick auf *christliche* Literatur bekam. Nämlich den Blick, dass solche Bücher nicht nur staubtrocken und hochtheologisch sein müssen, sondern ganz einfach und praxisnah ein völlig neues Licht auf diesen Jesus und seine Botschaft werfen können. Durch meine Mitarbeit als Jugendlicher in der christlichen Jugendarbeit und später dann in unserer Gemeinde und in meinem Beruf als Internatsbetreuer kam und komme ich immer wieder dazu Andachten, Themen oder Predigten zu halten. All diese Herausforderungen haben mich gewissermaßen (im positiven Sinne) dazu *gezwungen* mir Gedanken darüber zu machen, was ich anderen Leuten mitgeben möchte. Wie ich feststellte, war es doch Einiges, was mir da so einfiel, sodass ich die Idee bekam, diese Gedanken und Predigten in Worte zu fassen und sie in einem Buch zu verarbeiten.

Was ich damit sagen will, ist, dass das, was ihr auf den nachfolgenden Seiten finden werdet, eine Mischung aus meinen Ideen, Predigten, Liedtexten[2] (dazu später mehr) und Einigem mehr ist, was mir alles so durch den Kopf schwirrt.

Ziemlich egoistisch von mir, was? Um mich allerdings vor zu viel zornigen Stimmen ein klein wenig zu schützen, kann man sagen, dass dieses Buch auch gewiss eine altruistische[3] Seite aufweist, da die Lebensweise, die ich hier aufzeige, meines Erachtens und ich denke auch Gottes Erachtens (da stimmen wir beide wohl überein) die Welt in einem ganz positiven Sinn verändern und letztlich verbessern kann.

Eine letzte Sache, die ich noch erwähnen möchte (und dann kann es endlich losgehen), ist die Tatsache, dass ich in keinster Weise und mit keinem Wort dieses Buches den Eindruck vermitteln möchte, dass ich das alles so gut lebe, wie ich es aufzeige oder dass ich gar fehlerfrei oder perfekt bin. Glaubt mir Leute, Gott weiß, dass ich das nicht bin und an vielen Stellen dieses Buches werdet ihr das auch immer wieder lesen können. Was ich aber sagen kann, ist, dass ich versuche (und noch mehr während ich dieses Buch schreibe) genau nach diesen Lebensweisen und Einstellungen zu handeln und zu leben. Immer wieder scheitere ich dabei und auch du wirst immer wieder scheitern und immer wieder Dinge tun, von denen du weißt, dass sie falsch sind. Aber das ist okay (diesem Thema ist sogar ein eigenes Kapitel in diesem Buch gewidmet). Wichtig ist, dass du es versuchst, du immer wieder in dich gehst und dich immer wieder neu ausrichtest.

Okay, wir sind so weit. Lasst uns anfangen mit einer alles entscheidenden, womöglich lebensgefährlichen Frage: Glaubst du an ein Leben *vor* dem Tod?

»Ob Laufsteg oder Lauf zum Steak«

In einem Buch, das es zur Aufgabe hat, möglichst einfach zu sein, ist die Frage nachdem, was wirklich wichtig ist, wohl kaum wegzudenken. Diese Frage ist so elementar, dass sie nicht ohne Grund das erste Kapitel dieses Buches ausmacht. Wer aber meint, das Wissen darüber hier vorgekaut zu bekommen und dadurch keine Probleme mehr zu haben, dem muss ich gleich zu Beginn den Wind aus den Segeln nehmen: So einfach wird es dann doch nicht.

Wer mich kennt, weiß, dass ich ein großer Filmfan bin. Ich liebe es Filme zu schauen und würde behaupten eine ganze Menge schon gesehen zu haben. Hin und wieder werde ich euch auch im Laufe des Buches (quasi ganz nebenbei) ein paar Filmtipps zukommen lassen. Beginnen werde ich damit, dass ich euch die Top drei meiner absoluten Lieblingsfilme kurz vorstelle. Diese Liste ist zwar sehr zweifelhaft, da es so viele wahnsinnig gute Filme gibt, aber es sind zumindest die drei Filme, die ich irgendwann mal auf diese Liste gesetzt habe.

Auf Platz drei: »Titanic«.[1] Ja, ich weiß, dass das sehr abgedroschen klingt, aber meiner Meinung nach ist dieser Film wirklich gut gemacht und auch ich als Mann kann dabei (zumindest ein paar wenige) emotionale Reaktionen hervorbringen. Auf Platz zwei steht »Das geheime Fenster«[2] mit Johnny Depp in der Hauptrolle. Ein wunderbarer Thriller über einen Autor, der allmählich beginnt an seinem Verstand zu zweifeln (wenn das kein Zufall ist). Je mehr ich darüber nachdenke, desto mehr Filme fallen mir ein und desto mehr werden den beiden Genannten die Plätze strittig gemacht.[3] Der Film, der aber unangefochten und ohne Zweifel ganz oben auf meiner Rangliste steht, da er mich schlichtweg gepackt hat, ist »Fight Club«.[4] Ein Film, der filmerisch, schauspielerisch und handlungstechnisch so hervorsticht und harmoniert, dass jeder, der dieses Buch liest und den Film noch nicht kennt, sich ihn sofort (nachdem er das Buch selbstverständlich fertig gelesen und das achtzehnte Lebensjahr vollendet hat) besorgen und anschauen sollte. Für all diejenigen, die ihn noch nicht kennen, sei aber kurz etwas zur Handlung gesagt. In »Fight Club« geht es um einen Typen, dessen monotones Leben ihn zu Tode langweilt. Er hasst seinen Job, seine Wohnung, sein Leben. Er fühlt sich irgendwie vollständig und gleichermaßen so erbärmlich. Im Laufe des Films trifft dieser Typ auf eine Person, die das komplette Gegenteil seiner Selbst darstellt. Tyler Durden – so der Name der Figur – hat keine Besitztümer, macht sich nichts aus Werten und Normen und lebt ein völlig anarchistisches Leben. Seine Philosophie ist es, zum sogenannten *Nullpunkt* zu gelangen. Zu dem Punkt, der alles auf null setzt, der den Wert materialistischer Dinge relativiert und Strukturen von Ordnungen und Besitztümern befreit.

Tyler zeigt dem Protagonisten, was es heißt, wirklich frei zu sein. Die Art und Weise, wie dies geschieht, fasziniert und hat mich sehr zum Nachdenken gebracht. Als ich den Film zum aller ersten Mal gesehen habe, war ich noch relativ jung (und vielleicht auch noch nicht ganz achtzehn) und ich habe bei Weitem nicht alles verstanden, was er mir sagen will. Mein Bruder gab dann die entscheidende Interpretation: Im Grunde genommen hat dieser Film eine tiefchristliche Botschaft. Damals habe ich noch nicht ganz kapiert, was er damit meinte, aber mit der Zeit habe ich es verstanden. Natürlich ist mir klar, dass der Autor des Films es mit Sicherheit nicht (oder zumindest nicht in diesem Ausmaße) christlich meint, aber wenn wir einen genaueren Blick in die Bibel wagen, so weisen Stellen im Philipperbrief verdächtig scheinende Parallelen auf.[5] »Macht euch keine Sorgen, sondern wendet euch in jeder Lage an Gott« (Philipper 4,6)

Okay, auf den ersten Blick scheint der Inhalt aus »Fight Club« nicht in direkter Verbindung mit der Bibelstelle zu stehen, aber schau nochmal genauer hin: »Macht euch keine Sorgen«. Wobei wir wieder am Anfang des Kapitels wären. Wir sollen uns keine Sorgen machen und dann wird alles schön und gut?! Wenn das mal alles so einfach wäre ...

Mach dir keine Sorgen! Klingt ziemlich easy, oder? Ist es aber nicht, denn obwohl es mir ziemlich gut geht (und noch besser, wenn ich ein paar dieser Bücher verkauft habe), mache ich mir etliche Sorgen. Ich bin seit ein paar Monaten verheiratet, bin gesund, habe keine wirklichen Geldprobleme und trotzdem umkreisen mich immer wieder solche Gedanken. Und was sollen da andere sagen, die krank sind, kein Dach über dem Kopf haben, hungern, arbeitslos oder allein sind?

Bereits an diesen *extremen* Gegensätzen ist zu erkennen, dass es darauf ankommt, worauf ich mich ausrichte.

In seinem Buch »Gott antwortet anders« erzählt Jonathan Wilson-Hartgrove (einer der beiden Autoren) von einem Freund, der ihm einmal sagte, dass er lieber Muslime als Christ sei, da es im Islam darum geht, wie man lebt und im Christentum darum, was in deinem Herzen ist.[6] Allein diese Aussage zeigt, wie *anders* die christliche Religion ist. Es geht eben in erster Linie nicht darum, wie wir handeln, sondern welche Hintergedanken wir dabei haben. Schon Jesus sagte: »Alles, was der Mensch von außen in sich aufnimmt, kann ihn nicht unrein machen, weil es nicht in sein Herz, sondern nur in den Magen gelangt und dann vom Körper wieder ausgeschieden wird. ... Aber das was aus dem Menschen selbst herauskommt, das macht ihn unrein.« (Markus 7,18-20). Also geht es in erster Linie um meine Herzenshaltung und Gedanken und die führen dazu, wie ich handel. Jonathan antwortete auf die Aussage seines Freundes, dass er glaube, dass richtiges Christsein dasselbe anzubieten hat: nämlich »eine völlig neue Art zu leben«.[7]

Wenn wir wissen wollen was richtiges Leben bedeutet, dann lasst uns doch auf Jesus schauen. Wie hat er gelebt? Ich möchte und vor allem kann euch jetzt nicht jede Eigenschaft und Handlungsweise von Jesus wiedergeben (einige davon versuche ich noch im weiteren Verlauf dieses Buches zu erläutern), aber eine Sache, die mir Shane Claiborne ziemlich deutlich aufzeigte, könnte auch dein Bild von Jesus radikal verändern.

Wenn du nämlich denkst, dass Jesus in erster Linie missioniert hat, dann irrst du dich gewaltig! Klar hat er den Leuten von Gott erzählt, aber ihm war es wichtig (und das eine schließt das andere nicht aus), den Menschen zu helfen und für sie da zu sein. Genau das hat er getan und genau dafür ließ er sich ziemlich oft und regelmäßig unterbrechen.[8] Da hätten wir beispielsweise die Geschichte, als Jesus auf dem Weg zu der totkranken Tochter eines Mannes namens Jaïrus war (Markus 5,21-43). Es war kurz vor knapp und Jesus sollte sich beeilen, als eine leidende Frau zu ihm kam und ihn (nur im Vorbeigehen) berührte um geheilt zu werden. Jesus bemerkte das, blieb stehen und wollte mit der Frau reden. Seine Jünger drängten ihn währenddessen die Frau zu ignorieren und weiterzugehen, aber Jesus nahm sich Zeit für sie. Trotz dieser Verzögerung und trotz, dass die Tochter von Jaïrus mittlerweile verstorben war, wurde am Ende alles gut, da Gott dafür sorgt, dass es gut wird, wenn wir seinen Willen tun (irre Geschichte – aber wahr). Eine andere Geschichte ist die, als Jesu Jünger total kaputt und müde waren und sich einfach nur ausruhen wollten und auf einmal über fünftausend Menschen vor ihnen standen und Jesus hören wollten (Markus 6,30-44). Mit Sicherheit wäre es Jesus auch ganz recht gewesen, mal nichts zu tun um nur mit seinen Jüngern abzuhängen. Aber was tat er? Er erzählte den Leuten etwas vom Reich Gottes und machte so mir nichts, dir nichts (quasi auch im Vorbeigehen) mit fünf Broten und zwei Fischen die Menschenmasse satt. Und selbst beim Feiern ließ sich Jesus unterbrechen. Als er mit den Zöllnern und Huren zusammensaß (na, was bedeutet jetzt richtiges Leben?!) und die Pharisäer ihn zusammenstauchten, was das soll, unterbrach er die Party, erklärte, worum es eigentlich geht und feierte munter weiter.[9]

Es ging (und geht!) Jesus also immer darum für andere da zu sein. Eine Parallele, die ich zu Shane Claiborne herstelle. Keine Angst, ich will keinesfalls behaupten, dass ich Jesus und Shane auf eine Stufe stelle, aber für mich lebt Shane genau das vor, worum es Jesus geht: Den Armen zu helfen. Das ist der Grund, warum ich das für so wichtig halte und weshalb dieses Thema das erste Kapitel dieses Buches ausmacht.

Auch wenn du nicht an Jesus als Gottes Sohn glaubst und die ganzen Wunder für Spinnereien hältst, so ist es doch historisch bewiesen, dass es ihn gab und er hier auf der Erde gelebt hat. Und wenn er heute (nach über zweitausend Jahren) noch immer so präsent ist, muss er etwas an sich gehabt haben, was faszinierend war. Also lohnt es sich vielleicht doch sein Leben genauer zu betrachten.

Jesus hat geholfen. Und wem hat er geholfen? Den Armen. Aber nicht nur den materialistisch armen, sonder auch denen, die geistig arm waren. Leuten, die ihr Leben völlig gegen die Wand gefahren haben und einen Ausweg suchten. Genau wie es in »Fight Club« der Fall ist. Der Protagonist, der sein Leben an sich vorbeiziehen sieht und resigniert dabei zuschaut, hat eigentlich kein richtiges Leben. Und ihm wird deutlich gemacht, dass er erst alles verlieren muss, um tatsächlich frei zu sein. Aber was genau bedeutet das? Heißt das, alle unsere Besitztümer wegzuschmeißen, unsere Wohnung aufzugeben, alle sozialen Kontakte abzubrechen und einfach loszuziehen? Für manche Leute bedeutet es das (zum Beispiel für Shane – zumindest Punkt eins, zwei und vier). Ich denke aber es geht darum, das aufzugeben, was dich festhält und einschränkt. Wir müssen das loslassen, was uns nicht loslässt. Das ist doch der Punkt. Es geht darum, dass es so viele Dinge gibt, die uns so sehr einnehmen, dass wir nicht mehr davon loskommen, obwohl sie doch so nichtig sind. In der Bibel steht: »Denn euer Herz wird immer dort sein, wo ihr eure Schätze habt.« (Matthäus 6,21) und Jesus sagt auch: »Denn wer sein Leben retten will, wird es verlieren. Wer aber sein Leben um meinetwillen verliert, gerade der wird es retten.« (Lukas 9,24). Woran hängt also dein Herz? Was ist für dich wirklich wichtig? Was musst du verlieren um dieses Leben, von dem Jesus spricht, gewinnen zu können?

Da ich hin und wieder Lieder und Liedtexte schreibe, möchte ich euch an dieser Stelle gerne einen Text davon vorstellen. Dieser Text ist aus der Idee eines Poetry-Slams heraus entstanden und befasst sich mit der Thematik, was das Wichtige im Leben ist und wofür wir eigentlich leben.[10]

Was ist es?

Eine Frage, eine Frage, die sich die ganze Zeit in meinem Kopf dreht:
Was ist es, was dich bewegt, was ist es, wofür du lebst?
Was ist es, was dich bewegt, das, was dich antreibt?
Ist es Leid, Selbstmitleid, der Geist der Zeit? Dieser ganze Scheiß, der dich erfreut?
Oder bleibt da noch ein Rest, der dich nicht loslässt?
Der dich zu denken anspornt, der dich wurmt?
Der dich quält und dir zeigt, dass da irgendetwas fehlt, was bleibt.
Oder anders gefragt: Was hättest du gesagt, hätte ich dich ermahnt, drei Dinge aufzuschreiben, die dir in Erinnerung bleiben sollen?
Ist es ein Wollen oder ein Müssen? Aber ich möcht's ganz ehrlich von dir wissen.
Was ist es, was dich bewegt, was ist es, wofür du lebst?

*Schau doch mal tiefer in dich rein! All diese Oberfläch-
lichkeiten, dieses Übertreiben, dieses falsche Schwei-
gen. Muss das sein?*

*Muss das sein, dass man redet und lästert über den
Bruder, die Schwester, über die Mutter des anderen, all
die Gewanderten?*

*Halte doch ein, nur einen Augenblick, nur ein Stück dei-
ner ach so kostbaren Zeit, die dir noch bleibt, und frage
dich nicht:* »Was will ich?«.

Was ist es, was dich bewegt, das, wofür du lebst?

*»Ach, ob nun falsch oder richtig ist doch nicht so wich-
tig.« Doch ist es! Nur vielleicht ist das Wichtige nicht
auch das Richtige!*

*Und mit diesen Gedanken fängst du an zu wanken und
fängst über deine Schranken an nachzusinnen und zu
beginnen, dich Fragen zu fragen, die es wagen tiefer zu
ragen, als du kanntest und wendest dich an anderes.*

*An andere Menschen, die dich kennen. Vielleicht auch
an mich und fragst:* »Was ist wichtig?«.

*Ich hätte da eine Antwort parat, aber vielleicht ist sie dir
zu hart.*

*Vielleicht ist sie dir zu unbequem in deinem speckum-
mantelten Leben.*

*Denn es ist eine Antwort, die fordert mehr das Geben als
das Nehmen.*

Und klar weiß ich, dass du an deinen Sachen hängst.

*Aber da sag ich dir ganz eindeutig, dass du da schlicht-
weg falsch denkst.*

Denn das, was zählt, ist nicht dein Geld.

Nicht dein Auto, dein Haus, deine Wohnung. Nicht dein Job, die Belohnung, die du für deine Millionen bekommst.

Nicht die Millionen an sich, das ist alles so vergänglich.

Deine Leistungen, die du erbringst, das ist alles, womit du keinen Preis gewinnst.

Nicht dein Handy, dein PC, dein Fernseher, dein Stolz. All das ist so nicht gewollt.

Dein Aussehen, deine Kleidung, deine Accessoires, all das ist nur Spaß.

Dein Spaß, was du so nennst, dein ultrakorrektes Verhalten, wenn es mal brennt.

Deine Bücher und DVDs, die Bilder und CDs. Die Partys, die Geschäfte, der Alkohol, deine Rechte,

deine Privilegien, deine Sorgen, deine Ängste vor dem Morgen,

dein ganzer nutzloser Besitz ist ein reiner Witz.

All die Wünsche, die du wählst, das ist alles nichts, was zählt.

Das, was zählt ist ER! Du musst deinen Blickwinkel ändern, schau mal über die Ränder.

Schau mal auf das, was zählt, was dir so sehr fehlt!

Jetzt sind es schon 2000 Jahre, als ER drei Tage, nachdem ER etwas so Unbeschreibliches gemacht hat, noch etwas viel Unglaublicheres tat.

ER tat es für dich und für mich und uns alle zusammen genommen. Ist auf die Erde gekommen, um uns zu zeigen, was es heißt richtig zu leben, einfach alles zu geben.

Deine Mitmenschen zu lieben, die Liebe selbst zu sein.
Auf alles zu verzichten, nicht als Mensch andere Men-
schen zu richten; zu vergeben und zu verzeihen.
Einfach loszulassen und auf Gott zu vertrauen. Auf IHN
zu bauen und dadurch zu staunen.
Was ist es, was dich bewegt, was ist es, wofür du lebst?!
Diese Frage, sie stellt sich und klar, trotzdem es hält
nicht immer, was es dir verspricht.
Doch vielleicht ist zeitgleich ein Ausweg bereit, weißt du
nur noch nicht, dass es ihn gibt.
Und wenn ich zur Frage nun selbst etwas sage, so hilft's
auf den EINEN, auf Jesus zu schauen.
Auf IHN zu vertrauen, denn er hat SEIN Leben für dich
gegeben. Ist am Kreuz gestorben für deine Sorgen, für
deine Sünden.
Für all den Scheiß, den du gebaut hast, ist ER wieder
erwacht.
Hat das alles weggenommen und dich frei gemacht!
Was ist es, was dich bewegt, was ist es, wofür du lebst?
Wenn du wirklich frei sein willst, dann sag ich dir, wie du
deine Sehnsucht stillst:
Gib dein Leben in SEINE Hand und fang zu leben an!

Tja, fang zu leben an ... Einfach gesagt, was? Aber was ist denn nun wirklich wichtig? Das Problem ist, dass wir uns oft über so viele Dinge Gedanken machen, die so was von unwichtig sind. Es fängt schon damit an, dass wir uns am allerliebsten den Kopf über Dinge zerbrechen, die noch gar nicht eingetreten sind. Irgendwo hab ich mal gehört, dass wir uns tatsächlich die meisten Sorgen über Dinge machen, wie sie sein könnten, anstatt darüber nachzudenken, wie es gerade ist. »Ich möchte, dass ihr frei seid von falschen Sorgen.« (1. Korinther 7,32) Wir können unsere Sorgen also schon einmal dahingehend dezimieren, dass wir anfangen alles Hypothetische auszuschließen. Also überlege nicht was passiert, wenn du jetzt tatsächlich den Job, der dir angeboten wird, annimmst. Sorge dich doch (wenn überhaupt) darum, dass du gerade keinen Job hast und vielleicht nicht weißt, wie es weitergehen soll. Und wenn du schon mal die ganzen hypothetischen Sorgen ausblendest (und ich bin mich sicher, das sind eine Menge), dann lies den Vers aus dem Philipperbrief weiter: »wendet euch in jeder Lage an Gott und bringt eure Bitten vor ihn« (Philipper 4,6). Was für eine Aufforderung, oder?! Wir sollen das, was uns nicht aus dem Kopf geht und uns die ganze Zeit beschäftigt zu Gott bringen. Und wie sollen wir es zu ihm bringen? »Tut es mit Dank für das, was er euch geschenkt hat.« (Philipper 4,6) Wir sollen es mit Dankbarkeit tun.

Wenn wir etwas zu Gott bringen, dann tun wir das im Gebet. Wir reden mit ihm (wie du jede andere Bitte auch an einen Menschen herantragen würdest). Und während du also mit Gott sprichst und ihm sagst, was dich bedrückt und ihn bittest, dass er dir da raus hilft, soll die Dankbarkeit im Mittelpunkt stehen, nicht die Sorge oder Bitte. Wenn du Gott also sagst, dass es dich stresst, dass du jeden Monat aufs Neue deinen Kontostand mit Herzrasen betrachtest und du endlich auch mal ein paar Nullen mehr auf dem Konto haben willst, dann danke ihm doch zuerst dafür, dass du nicht auf der Straße lebst, hungerst und frierst. Danke ihm, dass du beispielsweise Freunde hast, die dir immer wieder unter die Arme greifen und du nicht am Existenzminimum lebst. Mir geht es so, dass ich oft Geldsorgen habe (keine wirklichen, aber genug um mir ständig Gedanken darüber zu machen). Irgendwann fing ich damit an, diese ganzen Sorgen Gott zu überlassen. Wenn ich mich also mal wieder dabei ertappe, mich wegen ein paar fehlender Scheine furchtbar schlecht zu fühlen, dann bete ich: »Gott, du wirst für uns sorgen. Ich danke dir dafür.«. Natürlich kommt dann nicht ein Engel vom Himmel geflogen und überschüttet mich mit Geld, aber ich merke, wie ich die Zuversicht bekomme, dass Gott das schon regeln wird. Diese Zuversicht zu erlernen, funktioniert aber nicht so einfach. Ich (oder irgendjemand sonst) kann es dir nicht beibringen. Du musst es erfahren. Es zu erklären, wäre so, »als wolle man lernen, aus tiefstem Herzen zu lachen.«.[11] Sooft habe ich es erlebt, dass Gott mir genau das geschenkt hat, was ich brauchte, aber nie genau das, was ich wollte. Gott sorgt für mich. Und für dich. Vielleicht nicht immer nach deinen Vorstellungen, aber er tut es.[12]

Es geht nicht darum, zu bemängeln, was uns fehlt, sondern darum, zu erkennen, was wir haben und uns daran zu erfreuen und dankbar zu sein. Es geht um einen Perspektivenwechsel. Oft leben wir ganz nach dem Motto, dass wir uns ja gar nicht beschweren, sondern vielmehr erleichtern wollen. Aber genau das ist der Weg ins Verderben. Reiß nicht alles um dich herum ein und mach es schlecht, sondern fang an das Gute zu sehen und das wahrzunehmen, was dir geschenkt ist. Denn was passiert, wenn wir das tun, erfahren wir, wenn wir ein letztes Mal in Philipper 4 lesen: »Dann wird der Frieden Gottes, der alles menschliche Begreifen weit übersteigt, euer Denken und Wollen im Guten bewahren, geborgen in der Gemeinschaft mit Jesus Christus.« (Vers 7). Unser Denken und Wollen wird im Guten bewahrt sein. Und gleichzeitig brauche ich mir keine Sorgen mehr zu machen, da Gott mir diese auch noch abnehmen möchte. Ist das nicht eine grandiose Zusage?!

Zum Schluss dieses Kapitels möchte ich euch noch eine kurze Geschichte erzählen.[13]

Ein Philosophieprofessor eröffnete seine Vorlesung mit folgenden Worten: »Es geht heute um das Thema „Zeitmanagement" und wir werden dazu ein Experiment machen.«. Er nahm ein Goldfischglas, stellte es auf den Tisch und füllte es mit einigen großen Steinen, bis kein weiterer mehr hineinpasste. Nun blickte er in die Runde und fragte: »Ist das Glas voll?«

Die Studenten antworteten im Chor: »Ja!«.

»Wirklich?« Der Professor nahm eine Schachtel, öffnete sie und kippte vorsichtig Kieselsteine in das Glas und schüttelte es dabei leicht. Der Kies füllte die Zwi-

schenräume zwischen den großen Steinen. Dann blickte er wieder in die Runde und fragte erneut: »Ist dieses Glas voll?«.

Dieses Mal durchschauten die Studenten sein Spielchen. Einer davon antwortete: »Sehr wahrscheinlich nicht!«.

»Gut«, *antwortete der Professor. Nun nahm er einen Beutel, öffnete ihn und begann behutsam Sand in das Glas zu schütten. Der Sand füllte die Löcher zwischen den Steinen und dem Kies. Er blickte dann auf seine Gruppe und fragte:* »Welche Erkenntnis lässt sich mit diesem Experiment demonstrieren?«

Ein Student, nachdem er über das Thema des Kurses nachgedacht hatte, antwortete: »Das beweist, dass auch wenn man glaubt, die Agenda sei vollständig voll, man dennoch immer neue Termine hinzufügen kann, wenn man wirklich will«.

»Nein«, *antwortete der Professor,* »genau das bedeutet es nicht. Die Erkenntnis, die wir aus diesem Experiment gewinnen können, ist die folgende: Wenn man nicht zuallererst die großen Steine in das Glas legt, finden sie später keinen Platz mehr!«

Die Studenten schwiegen und dachten über diese Aussage nach.

Diese Geschichte ist mir nie passiert und wer weiß, ob sie überhaupt so passiert ist, aber das ist auch völlig egal. Es kommt auf den *Inhalt* an. Was sind die großen Steine in deinem Leben? Was sollte zuerst kommen? Wenn man erst den Sand und den Kies in das Glas füllt, wird es eng für die wirklich wichtigen Dinge.

Aber hey! Glaub jetzt ja nicht, dass, wenn du das alles so umsetzt, in deinem Leben alles Friede, Freude, Eierkuchen sein wird! Rückschläge, Not, Leid und Elend wird es immer wieder geben (und ein extra Buch könnte darüber geschrieben werden). Aber wenn ich mich immer wieder auf das Wichtige besinne und das Unwichtige beiseiteschiebe, dann bin ich frei, dann ist der erste Schritt gemacht. Und dann kann ich mich ganz auf den Herrn einlassen und all meine Sorgen und Probleme zu ihm bringen und dieser eine wird mein Denken und Wollen im Guten bewahren, so wie er es versprochen hat. »Und wo der Geist des Herrn ist, da ist Freiheit.« (2. Korinther 3,17)

Wir sind jetzt am Ende des Kapitels, aber so richtig wurde die Eingangsfrage – nämlich nach dem, was wirklich wichtig ist – noch nicht geklärt. Aber da dieses Buch als Titel die Frage nach dem Glauben an ein Leben *vor* dem Tod trägt, wäre es wohl auch langweilig und spannungsnehmend, wenn jetzt schon alles gesagt wäre. Was also wirklich wichtig ist, entscheidest in erster Linie du. Was ist dir wichtig?

Was mir wichtig ist, könnte ich jetzt aufzählen, wäre aber ziemlich langatmig und uninteressant. Ich versuche aber im nächsten Kapitel davon zu sprechen, was Gott ziemlich wichtig zu sein scheint. Immerhin ist die Bibel (die er selbst verfasst hat!) von vorne bis hinten voll davon und deshalb lohnt es sich wohl auch in einem Buch, wie diesem hier, darüber zu sprechen ...

»Nur ein Stückchen mit dir gehen«

Meine Frau Jule und ich haben letztes Jahr im Sommer geheiratet. Das war ein Fest! Eine riesige Party mit all unseren Freunden und Verwandten. Man könnte sagen, es war einer der schönsten Tage in unserem Leben. Um das Ganze aber noch zu toppen, ging es für uns anschließend auf Hochzeitsreise in die USA. Es war eine Reise (und mit Sicherheit nicht die letzte), mit der wir uns einen langersehnten Traum erfüllten. Wir reisten mit dem Auto von Los Angeles über San Francisco nach Las Vegas (damit war die zweite Hochzeit garantiert), zurück nach L.A. Und ich kann euch sagen, es war noch viel schöner, als wir uns das in unseren Träumen ausgemalt haben. Während dieser Reise bekam ich per Mail eine Anfrage, in unserer Gemeinde zu predigen. Ohne zu zögern sagte ich zu und wusste auch nach nicht langer Überlegung, worum es in der Predigt gehen sollte. Keine Angst, es wurde keine viertelstündige Verkündung über die USA, aber es ging um etwas, was die Menschen in den USA unter anderem sehr treffend beschreibt, ohne dass mir oder uns das vorher so bewusst gewesen wäre. Denn wenn man an die Amerikaner denkt, hat man ja doch so einige Vorurteile, wobei das, was wir erlebten, keines davon war.

Ich dachte für die Predigt über ein paar dieser Vorurteile nach und stieß letztendlich auf folgende drei: Eines
der ersten Dinge, die mir einfallen, wenn ich über die
USA nachdenke, ist die (in meinem Kopf) Tatsache,
dass jeder dort den ganzen Tag nur Fastfood isst und
alle an Übergewichtigkeit leiden. Ja, Fastfood wird viel
gegessen (wir mussten es schmerzlich am eigenen Leib
erfahren), was wir wohl aber kaum auf die ganze ameri-
kanische Gesellschaft übertragen können (zumal wir ja
doch ziemlich einseitige Feldarbeit betrieben) und über-
gewichtig sind die meisten dort nicht mehr und nicht
weniger, als wir es hier in Deutschland auch sind. Das
zweite Vorurteil, das einen mit größter Vorsicht in die
USA einreisen lässt, ist die Annahme, dass jeder, der
dort lebt, gewalttätig und im Besitz einer Schusswaffe
ist. Statistiken besagen zwar, dass 88% der Amerikaner
eine Waffe besitzen,[1] aber dennoch haben wir keinen
einzigen Zivilisten mit einer Waffe gesehen (okay, auch
hier die mangelnde Feldarbeit) und haben uns in der
Zeit, in der wir dort waren, alles andere als bedroht ge-
fühlt. Was mich schließlich zu meinem dritten (und wie
eben schon angesprochen für uns ganz neuen und
durchaus positiven) Vorurteil führt: Die Amerikaner erschienen uns als ein durchweg höfliches und freundli-
ches Volk, das wir so bisher noch nicht kennengelernt
haben. Tatsächlich ist es so, dass die Freundlichkeit, die
uns dort entgegengebracht wurde, völlig neu für uns
war. Natürlich gibt es überall auf der Welt freundliche
und unfreundliche Menschen (und natürlich möchte ich

nicht alle Amerikaner über einen Kamm scheren), aber auf die Gesamtgesellschaft und -atmosphäre gesehen, habe ich das noch nirgendwo anders in dieser Form erlebt.

Da gibt es Geschichten, wo wir andere Passanten (ausversehen) anrempelten und sie sich dafür entschuldigten, uns im Weg gestanden zu haben. Toilettennutzung war in öffentlichen Restaurants überhaupt kein Problem (versuch das mal in Deutschland) und auch im Geben von Dingen waren sie ganz weit vorn.[2] Und auch wenn man über die Amis sagt, dass sie oberflächlich seien und das zum Teil vielleicht auch stimmt, so leben sie doch imposanter Weise sehr nach biblischen Maßstäben (zumindest was diesen (großen) Punkt anbelangt). Denn diese Nächstenliebe, dieses Auf-den-anderen-Acht-Geben, dieses Miteinander-Leben, genau das ist doch der zentralste aller Punkte der Bibel und damit der ganzen christlichen Lehre.

Die Bibel wird gern in zwei Teile geteilt, nämlich in das Alte und das Neue Testament. Und viele »Hobby«-Theologen und -Prediger geben gerne immer wieder den Hinweis darauf, dass im Neuen Testament die ganzen Dogmen und Gesetze aus dem Alten Testament aufgehoben seien und dass alles »im Zusammenhang« betrachtet werden müsse. Das stimmt zum Teil mit Sicherheit auch, aber der Aspekt der Nächstenliebe zieht sich komplett durch. Klar gibt es im Alten Testament viel Krieg und Leid und Zerstörung und es hat alles seinen Sinn und folgt einem Plan (und darüber jetzt zu predigen, würde jeden Rahmen dieser Welt sprengen), aber ein Freund hat mir einmal erzählt, dass das, was wirklich wichtig ist, nicht nur einmal kurz in der Bibel erwähnt wird, wie beispielsweise manch ganz spezifischen und konkreten Vorschriften. Das wirklich Wichtige kommt immer wieder darin vor. Und das Einzige, was sich wirklich komplett durch die Bibel zieht, ist nun mal die Liebe. Die Liebe zu Gott und die Liebe zu unseren Mitmenschen.

Nehmen wir beispielsweise die zehn Gebote. Da heißt es oftmals, dass im Neuen Testament all diese Dinge durch Jesus aufgehoben seien. Ich denke da an die Geschichte in Markus 12, als Jesus von einem Gesetzeslehrer nach dem wichtigsten Gebot gefragt wurde und (Überraschung!) keines der sorgfältig auswendig gelernten zehn Gebote dabei wortwörtlich vertreten ist. Jesus antwortet auf diese Frage: »„Der Herr ist unser Gott, der Herr und sonst keiner. Darum liebt ihn von ganzem Herzen und mit ganzem Willen, mit ganzem Verstand und mit aller Kraft." Das zweite ist: „Liebe deinen Mitmenschen wie dich selbst!" Es gibt kein Gebot, das wichtiger ist als diese beiden.« (Markus 12,29-31).

Es gibt also augenscheinlich zwei zentrale Punkte, die Jesus unfassbar wichtig erscheinen (nämlich so wichtig, dass er verdeutlicht, dass es kein Gebot gibt, das wichtiger als diese beiden ist). Punkt eins: Wir sollen Gott lieben von ganzem Herzen und mit ganzem Willen, mit ganzem Verstand und mit aller Kraft. Also ihn mit *allem*, was wir haben, lieben. Und Punkt zwei: Liebe deinen Mitmenschen wie dich selbst. Und wenn man jetzt meint, dass damit alles im Alten Testament über den Haufen geworfen wurde, dann irrt man sich gewaltig.

Betrachten wir uns die zehn Gebote genauer, so beinhalten sie letztendlich genau die zwei Aspekte, die sich in der Aussage Jesu wiederspiegeln. Denn die ersten drei Gebote beziehen sich auf unsere Beziehung zu Gott (und stehen nicht ganz zufällig an erster Stelle).[3]

1. Ich bin der Herr, dein Gott. Du sollst keine anderen Götter haben neben mir.

2. Du sollst den Namen des Herrn, deines Gottes, nicht missbrauchen.

3. Du sollst den Feiertag heiligen.

Es geht also darum, dass der Herr das Oberste und Einzige in unserem Leben sein soll. Das schlägt sich auch darin nieder, dass wir seinen Namen nicht missbrauchen sollen. Wir sollen ihn als etwas ganz Besonderes, als etwas Heiliges behandeln und nichts Unwichtiges als »Gott« bezeichnen. Das Gleiche möchte uns Gott mit dem dritten Gebot sagen. Wir sollen den Feiertag – also den Tag zu Ehren Gottes – heiligen und wertschätzen. Wir sollen uns darauf besinnen, dass es etwas Besonderes ist und daher sollen wir auch ruhen und nicht wie an den anderen sechs Tagen schuften.

Diese drei Gebote zusammengenommen, klingen also schon sehr ähnlich zu Jesu Worten »Der Herr ist unser Gott, der Herr und sonst keiner. Darum liebt ihn von ganzem Herzen und mit ganzem Willen, mit ganzem Verstand und mit aller Kraft.«. Den ersten Part hätten wir also. Alle anderen sieben Gebote spiegeln sich in dem wieder, was Jesus weiter sagt: »Liebe deinen Mitmenschen wie dich selbst!« Schon wieder diese *Liebe*!

Betrachten wir uns also die anderen Gebote, so wird deutlich, dass sie sich allesamt auf das Umgehen und das Miteinander mit unseren Mitmenschen beziehen.

4. Du sollst deinen Vater und deine Mutter ehren.

Hierbei geht es konkret um die eigenen Eltern. Also um die Mitmenschen im allerengsten Kreis. Diese sollen wir ehren – uns bewusst machen, was sie für uns tun und getan haben. Denn das sind nun mal die einzigen Menschen (egal, welches Verhältnis wir zu ihnen haben!), die uns unser Leben geschenkt beziehungsweise ermöglicht haben und dadurch noch einmal einen ganz besonderen Stellenwert bekommen.

5. Du sollst nicht töten.

Noch Fragen?! Hier ist es wohl kaum deutlicher sichtbar: Wir sollen dem anderen kein Leid, keinen Schaden zufügen.

6. Du sollst nicht ehebrechen.

Mit Sicherheit meint dieses Gebot auch, du selbst sollst keine Unzucht treiben oder fremdgehen, aber es geht eben auch um deinen Mitmenschen, nämlich um deinen Ehepartner.[4] Du sollst den Menschen, dem du ewige Treue zugesagt hast, nicht dermaßen verletzen, was der Ehebruch unweigerlich mit sich bringt.

7. Du sollst nicht stehlen.

Auch hier ist es wieder sehr deutlich: Schade dem anderen nicht! Nimm nichts von ihm, das dir nicht zusteht!

8. Du sollst nicht falsch Zeugnis reden wider deinen Nächsten.

Oder kurz gesagt: Du sollst nicht lügen! Auch hierbei würdest du deinen Mitmenschen täuschen und ihm damit schaden.

Und schließlich das 9. und 10. Gebot zusammengefasst:

Du sollst nicht begehren deines Nächsten Haus, Weib, Knecht, Magd, Vieh noch alles, was dein Nächster hat.

Klar, auch hier geht es wieder um uns persönlich: Wir sollen zufrieden sein, mit dem, was wir haben, und nicht neidisch oder verbittert (kleiner Nachtrag zu Kapitel 2, *zwinker*), aber es geht auch ganz klar um den anderen. Denn wie verhalte ich mich, wenn ich das Weib (die Frau) meines Nächsten (oder des besten Freundes) begehre (also gerne für mich hätte)? Würde ich ihm gegenüber in Liebe, ehrlich und freundlich auftreten? Vielleicht zum Schein, okay, aber jemanden nur zur Täuschung lieb zu haben oder ihn aus Herzen zu lieben, sind zwei grundverschiedene Dinge. Es geht auch bei diesem Gebot um meinen Nächsten. Denn nur wenn ich nicht neidisch bin, kann ich eine liebende Beziehung zu ihm aufbauen.

Wir sehen also, dass sowohl im Alten als auch im Neuen Testament die Liebe (einerseits zu Gott und andererseits zu unseren Mitmenschen) der zentralste aller Punkte ist. Und was ist das für ein wunderbarer Glaube, wenn so etwas im Zentrum steht?!

Blaise Pascal, ein französischer Mathematiker, Physiker, Literat und (ja auch!) christlicher Philosoph, stellte einst die sogenannte Pascalsche Wette auf, in der er argumentiert, warum es schlichtweg rational sinnvoll sei, an Gott zu glauben.[5] Es ist wie eine 2x2 Tabelle zu verstehen.

Die Psacalsche Wette

	Gott existiert	Gott existiert nicht
Glaube an Gott	Gewinn	weder noch
Kein Glaube an Gott	Verlust	weder noch

Und zwar ergeben sich daraus vier verschiedene Möglichkeiten. Die erste (oben links) beinhaltet, dass man daran glaubt, dass es Gott tatsächlich gibt und sich am Ende herausstellt, dass dem auch der Fall ist und Gott wahrhaftig existiert. In diesem Fall wird man belohnt, man hat gewonnen, da man das ewige Leben erhält und in das Paradies einziehen darf. Die zweite Möglichkeit ist die, dass man daran glaubt, dass es Gott tatsächlich gibt, sich am Ende aber herausstellt, dass alles nur ein Irrtum war und kein Gott existiert (oben rechts). In diesem Fall gewinnt, aber verliert man auch nichts. Möglichkeit drei (unten rechts): Man glaubt nicht daran, dass Gott existiert und es stellt sich am Ende heraus, dass dem so ist und es keinen Gott gibt. In diesem Fall gewinnt und verliert man ebenfalls nichts. Die letzte Möglichkeit (unten links) besagt, dass man sein Leben lang daran glaubt, dass es keinen Gott gibt, sich am Ende aber herausstellt, dass er doch existiert. In diesem Fall ... tja, shit happens!

Pascal schlussfolgert daraus, dass es demnach schlichtweg besser sei, bedingungslos an Gott zu glauben. Und auch wenn das vielleicht etwas sehr vereinfacht dargestellt ist, lohnt es sich doch einmal genauer hinzuschauen. Nach Pascals Ansichten scheint sich am Ende (nämlich nach dem Tod) zu entscheiden, was richtig war und was falsch. Und *richtig* leben bedeutet für ihn der Glaube an Gott.

In Matthäus 7,12 steht meine absolute (Mit-) Lieblingsstelle der Bibel. Denn dieser Vers ist so eindeutig und einfach und (für viele Menschen ein fremder Ausdruck:) *praktisch anwendbar.* Dass dieser Vers ein ziemlich wichtiger für Gott sein muss, erkennt man schon daran, dass er eine eigene Überschrift hat, die da lautet: »Eine einfache Grundregel«.

»Behandelt die Menschen so, wie ihr selbst von ihnen behandelt werden wollt – das ist es, was das Gesetz und die Propheten fordern.«

Nicht mehr und nicht weniger. Behandelt die Menschen so, wie ihr selbst von ihnen behandelt werden wollt. Es ist eben eine einfache Grundregel. Es ist nichts Hochtheologisches, es geht nicht um irgendwelche Rituale oder um stundenlanges Beten oder die richtigen Gottesdienste oder was auch immer. Es ist so greifbar. Wenn ich mit ein paar Kumpels zusammenstehe, die Stimmung locker ist und wir anfangen über jemanden zu lästern, der uns nicht in unseren Kram passt (das war vielleicht früher häufiger der Fall, aber weiß Gott, es kommt heute noch immer viel zu oft vor), dann kann ich mir einreden, dass er es nicht hört und ich ihm damit nicht schade (ins Gesicht würde ich ihm das ja nie sagen!). Aber würde ich wollen, dass irgendeine Gruppe über mich irgendwelche Dinge erzählt? Selbst wenn ich es nicht hören könnte? Es geht hierbei nicht in erster Linie darum, wie ich mich wie in welcher Situation verhalte. Es geht um meine Einstellung. Denn ich soll die Menschen so behandeln, so mit ihnen umgehen, wie ich selbst von ihnen behandelt werden will.

Um noch einmal auf die Argumente von Blaise Pascal zurückzukommen. Selbst wenn (und ich bin absolut nicht dieser Überzeugung!) am Ende Gott gar nicht existiert, so frage ich dich, was ich denn verloren habe, wenn ich an ihn glaube und nach seinem Willen lebe? Was habe ich verloren, wenn ich nett und freundlich zu meinen Mitmenschen bin und ich daran glaube, dass da jemand ist, der auf mich aufpasst? Selbst wenn ich total falsch liegen würde, hätte ich doch ein alles andere als schlechtes Leben geführt. Es ist also kein Risiko, dieses Risiko einzugehen.

Als Jesus auf die Frage nach dem wichtigsten Gebot geantwortet hat (ganz nebenbei: er hat bei der Beantwortung keine Sekunde gezögert – zumindest wird das nicht deutlich), gab der Gesetzeslehrer Jesus vollkommen recht und bekräftigte noch einmal Jesu Aussage. Darauf heißt es in Vers 34: »Jesus fand, dass der Gesetzeslehrer vernünftig geantwortet hatte«. Jesus fand also, dass der Gesetzeslehrer *vernünftig* geantwortet hatte. Es war vernünftig und völlig dem Verstand entsprechend eine so sinnvolle und kluge Antwort zu geben. Und Jesus sagte weiter: »Du bist nicht weit weg von der neuen Welt Gottes.« (Markus 12,34). Wenn wir also so leben und Gott und unsere Mitmenschen lieben, dann sind wir ganz nah bei Gott.

Während dieser zwei Wochen unserer Hochzeitsreise habe ich ein Buch gelesen, welches den Titel trägt: »Das 10 Sekunden Prinzip – Tu als nächstes einfach das, von dem zu ziemlich sicher bist, dass Jesus es möchte«. Es wird darin von Leuten berichtet, die nach diesem Prinzip leben. Nämlich Menschen, die in ihrem Alltag die Eingebung von Gott bekommen, dass sie dieses und jenes genau jetzt in diesem Moment tun sollten. Und die zehn Sekunden dienen dazu, dass man nicht erst abwägt, was alles passieren könnte, wenn man das jetzt tatsächlich macht, sondern sich innerhalb dieser Sekunden dafür entscheidet und somit bedingungslos gehorcht. In dem Buch wird von einem Mann berichtet, der nach diesem Prinzip handelte und etwas tat, was in meinen Augen schlichtweg beeindruckend ist.[6]

Einer meiner Freunde fliegt viel – so oft, dass er regelmäßig ein Upgrade für die First Class bekommt. Abgesehen von der größeren Beinfreiheit und dem besseren Service gefällt ihm noch mehr daran. Er gibt ehrlich zu, dass er sich dort überlegen und verwöhnt vorkommt. Leute werden auf ihn aufmerksam.

Vor einigen Jahren war er unterwegs und wartete im Terminal darauf, dass das Boarding begann – natürlich mit ihm als Erstem –, als er eine ältere, ärmlich gekleidete Frau in einem Rollstuhl sah. In seinen Worten: »Über-

raschung! Da hatte ich doch einen 10-Sekunden-Moment!«

Er ging zu der Frau und fragte sie, wo sie im Flugzeug sitzen würde. Sie war über seine Frage natürlich ein wenig überrascht und zögerte mit der Antwort, deshalb rückte er einfach damit heraus: »Hallo, ich heiße Josh. Ich fliege First Class und wenn sie Economy fliegen, wäre es mir eine Ehre, wenn sie meine Bordkarte nähmen und mir Ihre gäben. Ich glaube, ein bisschen mehr Platz würde Ihnen guttun.«

»Warum sollten Sie so etwas tun?«, fragte sie, eher ängstlich, dass es sich hier um irgendeine Masche oder einen Trick handelte.

»Ich versuche, nach dem 10-Sekunden-Prinzip zu leben«, antwortete er. »Es besagt, dass man als Nächstes einfach das tun soll, von dem man ziemlich sicher ist, dass Jesus es möchte. Vor ein paar Minuten hatte ich den Gedanken von Gott, mit Ihnen den Platz zu tauschen. Sollen wir das also machen?«

Er wusste, dass sie Ja sagen würde, als ein Lächeln plötzlich ihr Gesicht erhellte. Und als sie zugab, dass sie noch nie in ihrem Leben First Class geflogen war, flossen ein paar Tränen – bei beiden.

Es geht bei diesem Prinzip zwar mehr um Gehorsam als direkt um Nächstenliebe, aber auch daran sehen wir wieder, dass es eigentlich immer um die Liebe zu Gott (nämlich der Gehorsam) und die Liebe zu unseren Mitmenschen (nämlich die Taten an sich) geht.

Ein letzter Gedanke, der mir dazu einfällt, ist die Frage, wie unsere Einstellung dabei sein sollte. Jesus spricht davon, dass wir den Herrn mit Leib und Seele (nämlich mit ganzem Herzen, mit ganzem Willen, mit ganzem Verstand und mit aller Kraft) lieben sollen. Hierbei scheint es also wichtig, dass wir uns voll und ganz hingeben. Zur Nächstenliebe sagt Jesus »nur«, dass wir unsere Mitmenschen wie uns selbst lieben sollen. Hier sind wir bei einer Diskussion, die es schon lange in christlichen Kreisen gibt. Sollten wir nur dann unseren Mitmenschen helfen und sie lieben, wenn wir tausendprozentig davon überzeugt sind und es in unserem Herzen tragen (bei der Liebe zu Gott soll es auf jeden Fall so sein) oder geht es bei den Mitmenschen in erster Linie darum, für sie da zu sein? Denn Paulus schreibt im Brief an die Philipper: »Ob es mit Hintergedanken geschieht oder aufrichtig – die Hauptsache ist, dass Christus auf jede Weise verkündet wird.« (Philipper 1,18). Das sind zwei ziemlich verschiedene Ansichten und ich kann (und will) euch keine klare Antwort geben. Aber um euch ein wenig zum Nachdenken zu bringen, gebe ich folgendes Beispiel: Nehmen wir an, ich sehe auf dem Fußweg eine ältere Dame, die augenscheinlich über die Straße möchte. Das Problem ist nur, dass ich gerade überhaupt keine Lust habe der Frau zu helfen (vielleicht will ich ja schnell ins Kino und möchte den Vorspann nicht verpassen). Jetzt habe ich zwei Entscheidungsmöglichkeiten: Entweder ich helfe der Dame trotzdem über die Straße, tu es aber nur aus meiner moralischen

Pflicht heraus, bin innerlich schlecht gelaunt und demnach alles andere als authentisch, oder ich gehe weiter und tue dies aber aus ehrlichem Herzen und mache niemandem etwas vor. Als ich mich mit einem katholischen Mönch über diese *Entscheidungsproblematik* unterhielt, gab er ein interessantes Beispiel zurück. Er erklärte mir, wie es denn bei einem Chirurgen sei. Sollte dieser, nur weil er an einem Tag mal keinen Bock auf seinen Job hat, das Skalpell niederlegen und nicht operieren um *authentisch* zu sein? Wenn er nicht operiert, wird der Patient nicht geheilt. Der Mönch erklärte mir, dass es dem Patienten egal sei, wie sich der Chirurg bei der OP fühle. Es kommt darauf an, dass er es macht, dass er es *gut* macht. Es ist sein Job und da ist es egal, ob er mal mehr oder mal weniger Lust aufs Operieren hat. Was zählt, ist, dass dem anderen geholfen ist. Dieses Beispiel fand ich sehr einprägsam. Immerhin ist es beim Chirurgen der Beruf und bei uns die Berufung. Ich bin zwar der Meinung, dass alles aus ehrlichem Herzen geschehen soll, aber manchmal kann es nicht schaden, sich zu gewissen Dingen zu *zwingen*. Denn ich bin mir sicher, dass, wenn wir mit unseren Taten vorausgehen, das Herz folgen und sich verändern wird.[7]

Am Ende wird sich alles entscheiden und doch wird schon hier auf Erden so ziemlich alles entschieden sein. Lasst uns den Mut haben *richtig* zu leben. Wie das geht, sagt uns die Bibel ziemlich eindeutig. Und ich bin mir sicher, es lohnt sich dieses *Nicht*-Risiko einzugehen.

Natürlich gibt es noch geschätzt eintausend weitere Dinge, die es über Liebe zu erzählen, berichten und erörtern gibt (immerhin hat die Bibel auch nicht nur zwanzig Seiten), aber ich will hier nicht ausufern. Denn manchmal reicht so ein kleines Wort schon aus, um auf die Frage, was wirklich wichtig ist, eine Antwort zu geben.

»Du siehst die allerschönsten Farben, hast die allerschlimmsten Narben«

Liebe. Liebe. Liebe. Die Bibel ist voll damit und das hat auch seinen guten Grund. Denn diese Liebe, von der ich die ganze Zeit spreche, haben wir bitter nötig. Es ist kein Zufall, dass dieses Kapitel *vor* dem jetzigen steht, da es nun um etwas gehen soll, was uns mehr als deutlich macht, wie sehr wir auf Gottes Gnade (das nächste Kapitel übrigens – Zufall?) angewiesen sind.

Es heißt (zumindest hat mir das einer meiner Brüder einmal erzählt), dass es sieben Bücher geben soll, die das Leben eines Menschen grundlegend verändern. Das sind keine festgelegten Bücher, also nicht *die* sieben Bücher, die jeder gelesen haben muss. Es kommt für jeden persönlich darauf an. Ich würde von mir behaupten, bisher eins der sieben Bücher geschafft zu haben (aber ich bin ja auch noch recht jung). Um es gleich vorweg zu nehmen: die Bibel ist es nicht. Man könnte sie zwar mit dazu zählen, aber einerseits muss ich zugeben (welch Schande!), sie nicht komplett gelesen zu haben und andererseits ist das wohl auch kein Buch, das man unbedingt von vorne bis hinten liest und durchweg begeistert ist (ich hab das mal versucht, aber spätestens bei den Stammbaumaufzählungen vergeht einem das Lachen, glaubt mir). Es sind einzelne Verse oder Abschnitte, die einen anspringen, aber nicht das ganze Buch (zumindest geht das mir so). Das Buch aber, welches mein erstes von womöglich sieben ist, hat mich tatsächlich durchweg angesprochen. Zugegebenermaßen gab es auch ein, zwei langwierigere Parts, aber das Gesamtpaket macht's. Das Buch, von dem ich spreche, stammt (Überraschung!) von Shane Claiborne und trägt den Titel »Ich muss verrückt sein so zu leben: Kompromisslose Experimente in Sachen Nächstenliebe«.[1] Seitdem ich dieses Buch gelesen habe, hat sich meine Einstellung und mein Denken über das Christsein und über Jesus positiv (wie ich finde) verändert. Shane hat mich Sachen gelehrt, wie zum Beispiel die Leute um mich herum anders wahrzunehmen. Wie ich in Kapitel 2 dieses Buches schon angesprochen habe, spricht er davon, dass Jesus beispielsweise nie missioniert hat, sondern immer nur für seine Mitmenschen da war und ihnen geholfen hat (vor allem den Armen). Jesus hat zwar auch von Gottes Reich erzählt und Dinge gesagt wie »Kommt, folgt mir!« (Markus 1,17), hat aber nie zu den Leuten gesagt: »Hey, du musst unbedingt Christ werden!« (wobei der Begriff »Christ« zu Jesu Zeiten vielleicht auch etwas schwierig war, aber ihr wisst, was ich meine).

Seit ich das Buch kenne, spreche und predige ich gerne über drei konkrete Themen. Zum einen darüber (und okay, das war auch schon vor dem Buch so), was wirklich wichtig ist. Zum anderen über das Thema der Liebe (erkennt ihr das Muster?) und schließlich das dritte

Thema, das mich so fasziniert (keine Angst, das Buch hat noch ein paar weitere Kapitel) und worum es nun gehen soll: unsere Schwächen und die damit verbundene Hoffnung.

Wir wissen, dass die Bibel voll mit dem Thema der Liebe ist. Das Gute dabei ist, dass auch zum Thema Schwäche einiges darin zu finden ist. Die Bibel ist voll von Leuten, die echt total kaputt waren.

Fangen wir doch am Anfang an, bei Mose. Mose, ein Mann Gottes, auserwählt Gottes Volk zu leiten. Ja sogar auserwählt Gottes Sprachrohr zu sein (denn, wer las denn Gottes zehn Gebote den Menschen vor?). Wisst ihr, dass dieser Mose (Mose, der Redner, wohlbemerkt) selbst von sich behauptete, alles andere als ein guter Redner zu sein? Ich meine, wir reden hier von Gottes Sprachrohr und trotzdem hat sich Gott ihn ausgesucht. Springen wir in der Bibel ein bisschen weiter und kommen zu Paulus, oder besser gesagt Saulus. Saulus war Terrorist. Er verfolgte die Christen und ließ sie umbringen. Natürlich hat er es aus Glaubensüberzeugungen getan, aber das ist bei den heutigen Terroristen nicht anders. Diesen von Hass getriebenen Mann sucht sich Gott aus um seine Botschaft an die Menschen weiterzugeben. Gott bekehrte diesen Saulus und anstatt Hass und Mord brachte er von da an das Evangelium, die gute Nachricht, die Liebe zu den Menschen. David brauch ich wohl gar nicht erst zu erwähnen. Nur so zur Erinnerung: David war nicht der große muskulöse Gefürchtete auf dem Schlachtfeld. Er war der kleine winzige Schwache, der den Sieg davon getragen hat.

Und jetzt könnte man meinen, dass das ja alles schön und gut sei, aber letztendlich ja Jesus auf die Erde kam. Jesus – göttlich und zugleich menschlich, frei von jeder Schuld und Sünde. Ein großer Mann, der uns zum Vorbild sein soll.

Wisst ihr (was ich auch durch Shane gelernt habe), ich finde Jesus toll. Also ich fand Jesus auch vor diesem Buch schon toll, aber das Buch hat mir eine neue Sichtweise auf Jesus offenbart. Was ich an Jesus so toll finde, ist natürlich zum einen, dass er Gott ist (was ich überhaupt nicht in Frage stellen möchte). Aber zum anderen fasziniert mich seine menschliche Seite. Er war eben auch Mensch und er war mit Sicherheit ohne Schuld und Sünde, aber er war garantiert nicht der große starke Herrscher. Ja, Jesus selbst ist bei all diesen Leuten nicht ausgenommen. Er war kein angesehener, gut gekleideter, privilegierter Mann.

Ein Zitat, das in dem besagten Buch steht, hat mich schlichtweg überwältigt. Shane erzählt von ein paar Obdachlosen, die in einem besetzten Haus lebten und draußen ein Banner angebracht hatten. Auf diesem Banner stand folgender Satz: »Wie können wir sonntags einen Obdachlosen anbeten und ihn montags abweisen?«.[2] Ja, Jesus war ein Obdachloser. Shane schreibt zwar auch den schönen Satz, dass Jesus kein Haus, aber immer ein Zuhause hatte, aber nichtsdestotrotz war

Jesus obdachlos, oder könnt ihr mir sagen, wo er gewohnt hat?!

Noch ein paar Fakten zu Jesus, die ihr noch nicht wusstet? Bitteschön ... Jesus stammte von David, einem Ehebrecher ab. Jesus kam aus einer Gegend (nämlich Nazareth), von der behauptet wurde, dass aus ihr nie etwas Gutes kommen könnte (Leute, da kam unser Heiland her!). Jesus wurde in einem verdreckten Stall geboren, nicht in einem pompösen Palast, wie es sich für einen König gehört. Jesus tat auch ziemlich verrückte Dinge. Ich erinnere beispielsweise an die Geschichte, als ein Blinder vor ihm stand und Jesus auf die Erde spuckte, daraus einen Brei mischte und ihm den Blinden in die Augen schmierte (aber so nebenbei bemerkt, ist das vielleicht nicht ganz zum Nachahmen geeignet).[3]

Versteht mich bitte nicht falsch! Ich will Jesus keinesfalls nieder machen. Ich möchte nur zeigen, dass Jesus viele Schwächen (oder zumindest nicht so viel Prunkvolles an sich) hatte, was aber völlig bedeutungslos für seine Botschaft ist. Ganz im Gegenteil bin ich mir sogar sicher, dass Gott genau diese Schwächen für ihn vorgesehen hatte. Die Geschichte beispielsweise, dass Jesus auf einem Esel in Jerusalem einritt und nicht auf einem prunkvollen Ross. Es war nicht so, dass der Esel gerade zufällig rumstand und Jesus sich dachte: »Ach, was soll's, nehm' ich halt den Esel.«. Er schickte zwei seiner Jünger los, erklärte ihnen haargenau, was sie zu tun hatten um genau diesen Esel zu besorgen.[4] Und es kann ja auch kein Zufall sein, dass alle bedeutenden Leute aus der Bibel so ihre Macken hatten.

Was ist das denn bitte für eine Religion?!

Nicht verwunderlich, dass es ganz schön schwierig ist, zu missionieren, wenn man Leuten, die nichts mit Gott am Hut haben, erstmal erklären muss, dass Gott die Schwachen und nicht die Starken gebrauchen will. Sätze, wie:»Aber viele, die jetzt vorn sind, werden dann am Schluss stehen, und viele, die jetzt die Letzten sind, werden schließlich die Ersten sein.« (Markus 10,31) können da ziemlich verwirren. Ganz ehrlich, Gott hätte sich den besten Redner der Welt aussuchen (oder gar schaffen) können, aber er wählt sich den Mann mit dem Minderwertigkeitskomplex, was das Reden anbelangt. Er hätte einen angesehenen, bei allen beliebten Mann wählen können, um seine Botschaft in die Welt zu tragen. Stattdessen wählt er den Terroristen Saulus, der (gerade am Anfang) erhebliche Schwierigkeiten hatte vor den Christen zu sprechen, da sie Angst hatten, er wolle sie vernichten. Er hätte Jesus als augenscheinliches Königskind zur Welt kommen lassen können. Die großen Herrscher und Könige hätten Respekt vor ihm gehabt und es wäre womöglich einfacher gewesen ihnen die gute Nachricht heranzutragen. Aber darum geht es Gott nicht.

Es gibt diese wunderbare Geschichte, als Jesus mit den Zöllnern und Huren zusammensaß und mit ihnen eine Party feierte (sie wurde in Kapitel 2 schon einmal erwähnt). Da kamen die Pharisäer zu ihm und stauchten ihn zusammen, was das hier alles soll und Jesus unterbricht die Party für einen kurzen Moment und gibt eine unverkennbare Antwort. Er sagt: »Nicht die Gesunden brauchen den Arzt, sondern die Kranken. Ich bin nicht gekommen, solche Menschen in Gottes neue Welt einzuladen, bei denen alles in Ordnung ist, sondern solche, die Gott den Rücken gekehrt haben.« (Markus 2,17). Das ist eine so entscheidende Bibelstelle!

»Nicht die Gesunden brauchen den Arzt, sondern die Kranken.«

Weiß Gott, wir sind nicht perfekt. Ich will euch nicht zu nahe treten, aber ich bin mir sicher, dass wir alle unsere Fehler haben (und ganz ehrlich, ich bin da tausendprozentig nicht ausgenommen!). Aber gerade in diesem Zusammenhang ist es doch wunderbar zu wissen, dass Gott jeden (und vor allem die Schwachen) gebrauchen kann und will.

Ich habe einmal eine wunderbare Predigt über dieses Thema gehört. Darüber, dass Gott mit der Schwäche seine Macht beweist (wo wir wieder bei diesem widersprüchlichen Aspekt wären, der das *erklären* unserer Religion so schwierig macht). Diese Schwäche ist auch der Grund, warum Gott den Teufel besiegte. Weil der nämlich dachte, dass Gott am Ende gegen ihn einen epischen Fight bestreiten würde, stellte der Teufel all seine Dämonen zum Kampf bereit. Er war vorbereitet und wollte Gott mit Armeen von Kriegern vernichten. Und was tat Gott? Er schickte seinen Sohn ans Kreuz und lies ihn dort für unseren Mist sterben. Mit diesem

Tod hat er die größte aller Schwächen gezeigt und damit den Teufel so verwirrt und damit so chancenlos besiegt.

Wir sind nicht perfekt. Wir sind voller Leid und Schwäche und trotzdem (oder gerade deshalb) will uns Gott gebrauchen und will, dass wir für ihn leben, seine Liebe empfangen und diese Liebe weitergeben.

Wenn ihr euch zurück erinnert, so habe ich im letzten Kapitel von diesem 10 Sekunden Prinzip gesprochen, als der Akteur dieser alten Dame den Platz in der First Class angeboten hatte. Wisst ihr, wenn man diese Geschichte weiterließt, spricht der Mann davon, wie er sich anschließend Gedanken oder Hoffnungen gemacht hat, man würde bemerken wie großzügig er war und innerlich wünschte er sich, dass die Leute zu ihm gekommen wären und ihm gesagt hätten, welch großartige und demütige Handlung er da soeben vollbracht hatte.

All diese Ausführungen sollen natürlich nicht dazu führen, dass wir aufhören Gutes zu tun und in unseren Fehlern versinken. Es ist kein Freifahrtsschein zum Sündigen. Schon Paulus prangerte an: »Nun, dann könnten wir auch gleich sagen: „Tun wir doch Böses, damit Gutes dabei herauskommt!"« (Römer 3,8) (und Leute, auch Paulus hatte Sinn für Ironie). Es geht darum, dass wir trotz unserer Schwächen Hoffnung haben können und nicht darum, unsere Fehler mutwillig zu verschlimmern.

Keiner von uns ist perfekt. Aber letztendlich ist es ja bekanntermaßen so, dass in Wrackteilen oftmals die schönsten Schätze zu finden sind. Ist das nicht tröstend?!

Lasst uns die Hoffnung nicht verlieren – gerade, wenn wir nicht perfekt sind – und den Mut haben die Liebe Gottes zu empfangen und weiterzugeben. Denn Gott schenkt uns diese Liebe in Hülle und Fülle. All diese Beispiele müssen uns die Augen dafür öffnen, wie nötig wir Gottes Liebe und Gnade haben. Aber wie diese Gnade eigentlich *funktioniert*, sollten wir vielleicht noch einmal genauer klären ...

»Hab so viel davon verschwendet, hab so viel davon bereut«

Ich habe euch bereits meinen absoluten Lieblingsfilm vorgestellt. Aber als großer Filmfan gibt es natürlich zahlreiche Kategorien, die ich zu unterteilen vermag. Und so möchte ich euch gleich meinen *christlichen* Lieblingsfilm vorstellen. Zuerst aber ein weiterer Film, von dem ich erzählen möchte: »The Grace Card«.[1]

»The Grace Card« (zu Deutsch: Die Gnadenkarte) bietet ein wunderbares Beispiel über die Gnade unter uns Menschen (und damit auch immer die Gnade Gottes). Es geht dabei um die Geschichte zweier Polizisten, die beide auf ihre Art und Weise Gnade und Vergebung ausüben und erfahren. Vor allem die Schlussszene (keine Angst, ich werde nicht spoilern) veranschaulicht eine solch herzergreifende Gnadenhandlung, dass sie einen ganz neu über dieses Thema nachdenken lässt.

Den Aspekt der Gnade hatten wir schon im vorherigen Kapitel, aber da er so ungreifbar und doch so essentiell ist, möchte ich versuchen, ihn etwas genauer zu erläutern.

Das Thema der Liebe und der Gnade hängen dicht zusammen, was auch ein Grund ist, warum in der Bibel so häufig von Gnade die Rede ist. Und ein ganz wichtiger Punkt, den ich gleich zu Beginn aufzeigen möchte, ist wiederum die Verbindung der Gnade mit der Schwäche. Wir sehen also, dass diese drei Themen stark ineinander verflochten sind. Im 2. Korintherbrief, Kapitel 12 im Vers 9 steht nämlich: »Aber der Herr hat zu mir gesagt: „Du brauchst nicht mehr als meine Gnade. Je schwächer du bist, desto stärker erweist sich an dir meine Kraft."«. Damit zeigt Gott, dass er *will*, dass wir schwach sind, weil er uns seine Gnade geben möchte. Wenn ich allerdings schreibe, dass Gott will, dass wir schwach sind, bedeutet das nicht unbedingt, nie stark zu sein (liebe Bodybuilder, Manager und Rockstars: das schließt euch also nicht mit aus). Es geht vielmehr darum, nicht aus eigener Kraft etwas zu erreichen, sondern seine Schwächen zuzulassen und Gott dafür sorgen zu lassen, dass er etwas Starkes daraus erwachsen lässt. Weiter heißt es in dem Vers: »Jetzt trage ich meine Schwäche gern, ja, ich bin stolz darauf, weil dann Christus seine Kraft an mir erweisen kann.«. Es ist kein bitterer Beigeschmack für Gott uns diese Gnade zu geben. Er *will* sie uns schenken. Aber was genau will er uns da schenken? Was ist Gnade eigentlich?

Was es zu Gnade zuallererst zu sagen gibt, ist, dass man sie nicht erlernen kann (wie ich es weiter vorn schon einmal erwähnt habe). Gnade ist kein auswendig zu lernendes Gedicht, das ich mir immer wieder einzuprägen versuchen kann. Sie ist auch kein Lehrfilm, den ich mir immer wieder ansehen kann bis ich alles verstanden habe. Die Zuversicht, dass uns Gott *trotzdem* gnädig ist und uns *trotzdem* für wichtig und besonders hält, kann man sich nicht aneignen. Ich (oder irgendwer auf dieser Welt) kann es dir nicht beibringen. Du musst es erfahren. Diese Hoffnung zu erklären, wäre, als wolle man jemandem beibringen, aus tiefstem Herzen zu lachen.[2] Es funktioniert so nicht.

Jetzt ist das mit dem Erfahren so eine Sache. Wenn ich etwas erfahren will, kann ich es nicht erzwingen. Okay, ich kann sagen, dass ich erfahren möchte, wie es ist, aus einem Flugzeug zu springen und mich für einen Fallschirmsprung anmelden und dazu zwingen. Aber mit der Gnade haut das so nicht hin. Die Gnade ist ein Geschenk Gottes. Und ein Geschenk, das man bekommt, kann man auch nicht erzwingen (zumindest ist es dann kein *Geschenk* mehr).

Ich will mich jetzt gar nicht zu sehr auf hochtheologischen Boden begeben, aber es ist so, dass Gott uns den freien Willen gegeben hat. Er hätte uns auch anders schaffen können, sodass wir alle seinem Willen folgen, aber das wollte er nicht (wo wäre da der Spaß für ihn geblieben?!). Im 2. Buch der Chroniken heißt es: »Wenn ihr seine Nähe sucht, wird er sich von euch finden lassen.« (2. Chronik 15,2). Und Jesus selbst sagt: »Denn wer bittet, der bekommt; wer sucht, der findet; und wer anklopft, dem wird geöffnet.« (Lukas 11,10).

Bei diesen Versen fällt mir ein Witz ein, den ich im Film »Eat Pray Love«[3] mit Julia Roberts gehört habe (das ist nicht unbedingt ein weiterer Filmtipp, aber ganz gut fand ich ihn trotzdem).[4] Ein Mann geht jeden Morgen in die Kirche, kniet sich vor die Jesus-Statue und betet zu Gott: »Ach Herr, lass mich doch bitte im Lotto gewinnen!«. Dieses Ritual wiederholt er Tag für Tag. »Herr, lass mich doch im Lotto gewinnen! Bitte, bitte, bitte!« Eines Tages, während der Mann wieder vor der Statue kniet und darum betet, dass er doch endlich im Lotto gewinne, erwacht die Statue zum Leben, dreht sich zu dem Mann und sagt: »Oh man, dann zieh los und kauf dir endlich einen Lotterieschein!«. Ich denke, genauso verhält es sich mit Gott (und ich meine nicht, dass er uns im Lotto gewinnen lässt, wenn wir ihn nur darum bitten). Gott zwängt sich uns nicht auf. Er kommt nicht einfach in unser Leben, wenn wir das gar nicht wollen. Wir müssen schon selbst etwas dafür tun, nämlich ihn suchen. Und so ist es auch mit Gottes Gnade. Gott ist ein unglaublich gnädiger Gott, aber er schüttet sie nicht wahllos auf uns herab. Wir müssen etwas dafür tun. Nur ist das, was wir tun müssen, nicht mit harter Arbeit oder anstrengendem Lernen verbunden, sondern damit, dass wir ihn suchen sollen. Wir sollen Gott darum bitten in unser Leben zu kommen. Einfach so dastehen, wird er nicht.

Wenn ich davon spreche, dass wir etwas tun müssen, dann heißt das aber nicht, dass wir durch unsere Taten errettet werden. »Allein aufgrund des Glaubens nimmt Gott Menschen an und lässt sie vor seinem Urteil als gerecht bestehen. Er fragt dabei nicht nach Leistungen, wie das Gesetz sie fordert.« (Römer 3,28) Und ein paar Verse vorher schreibt Paulus: »Ganz unverdient, aus reiner Gnade, lässt Gott sie vor seinem Urteil als gerecht bestehen – aufgrund der Erlösung, die durch

Jesus Christus geschehen ist.« (Römer 3,24).[5] Da sind wir wieder an dem kuriosen Punkt, der es uns nicht gerade einfach macht (oder gerade doch) zu missionieren: Das Einzige, was wir tun müssen, ist Gottes Geschenk der Liebe und der Gnade anzunehmen. Lass ihn in dein Leben und lass dich beschenken – das ist alles. Klingt doch sehr unkompliziert, oder? Und doch ist es für viele so schwer, weil sie dieses Geschenk nicht annehmen können. Viele trauen dieser ganzen Sache nicht. Letztendlich ist das schon verständlich, oder wärst du nicht auch misstrauisch, wenn man dir einen nagelneuen Bentley vor die Tür stellt mit den Worten »ist geschenkt«? Und doch müssen wir nichts weiter tun, als dieses Geschenk anzunehmen. Nicht einmal die Lasten, die auf uns liegen, müssen wir selbst tragen. Von manchen Menschen wird genau das aber behauptet. Dass wir während unserer Lebzeiten hier auf Erden all die Fehler und Belastungen auf unseren Schultern hätten und erst nach unserem Tod der ganze Mist weggenommen würde. Aber sorry Leute (oder besser gesagt: Gott sei Dank!), da bin ich anderer Meinung. Das Wunderbare ist doch, dass der Herr allgegenwärtig ist (auch wenn das immer sehr abstrakt und klischeehaft klingt). Wir können *immer* zu ihm kommen und mit ihm reden und uns *jederzeit* unsere Sünden vergeben lassen. Und warum *funktioniert* das bei uns Christen so gut? Weil Jesus für all unseren Mist gestorben und danach auferstanden ist. Die komplette Theologie dazu hier aufzuführen, ginge zu weit (und ist nicht Anspruch dieses Buches), aber einer meiner Kids im Internat hat diese Theologie, dieses so fantastische Wunder der Hingabe Jesu, kurz und bündig zusammengefasst (wohlbemerkt, der Junge ist elf Jahre alt): »Ich verstehe das mit Jesu Tod am Kreuz: Wenn dir jemand auf den Fuß tritt, tat es vor der Kreuzigung Jesu mehr weh als danach.«. Ja, Jesus macht uns heil. Durch seine Auferstehung sind wir frei.

Ich muss euch aber gleich bremsen und anmerken, dass es nicht so ist, dass wir einfach sagen können: »Okay, Herr vergib uns!« und alles ist gut. Ich denke, das Ganze geht noch etwas tiefer.

Dietrich Bonhoeffer, ein bekannter Theologe, der sich öffentlich gegen die nationalsozialistische Judenverfolgung stellte und deshalb im April 1945 im Konzentrationslager Flossenbürg ermordet wurde, prägte in seinem Werk »Nachfolge«[6] den Begriff der *billigen* Gnade und prangerte diese an. Ich möchte an dieser Stelle diese »*Theorie*« gar nicht tiefergehend erörtern, aber ich möchte kurz darüber reden, was er damit meint (auch wenn es sicherlich noch ein paar weitere Aspekte gibt).

Wir Menschen sündigen, egal ob Christ oder nicht. Nur haben wir Christen den Vorteil, dass wir unsere Sünden nicht selbst mit uns herumtragen müssen. Wir müssen nicht unter den Lasten der getanen Dinge, die unser Gewissen so furchtbar bedrücken, zusammenbrechen, sondern können sie abgeben und uns frei und unbeschwert machen. Wie tun wir das? Wir bringen sie zu Gott und bitten aus ehrlichem Herzen um Vergebung. Wenn wir das tun, vergibt uns Gott und schenkt uns somit seine Gnade. »Aus ehrlichem Herzen« meint aber auch aus *ehrlichem* Herzen. Das bedeutet, dass wir das Bekenntnis unserer Schuld ehrlich und wahr meinen müssen. Das wiederum schließt mit ein, dass wir uns fest vornehmen (und uns dabei nicht belügen), so etwas nie wieder zu tun. Tun wir es, aus welchen Gründen auch immer, doch wieder, gibt es einen Unterschied zwischen dem, ob ich es ehrlich meinte, oder ich bei dem Bekenntnis der Sache schon an das nächste Mal gedacht habe. Und genau an dieser Stelle kommt die *billige* Gnade ins Spiel. Nämlich dann, wenn die Bitte um Vergebung nicht ehrlich gemeint ist.

Nehmen wir an, du bist süchtig nach Pornos. Jeden Tag wieder sitzt du vorm Rechner und schaust dir diese *auf*regenden und *er*regenden Filmchen an. Jedes Mal, wenn du das getan hast, fühlst du dich (ehrlich) schlecht und bittest Gott, dass er dir deine Lust auf dieses Zeug vergibt. Stellen wir uns aber vor, dass du die Vergebung zwar ernst meinst, innerlich aber weißt, dass du es morgen wieder tun wirst. Mir geht es oft so, dass ich Sünde begehe und mir sie auch ehrlich leid tut, ich aber während meines Gebetes genau weiß, dass ich dieses oder jenes nicht zum letzten Mal getan habe, weil ich es − trotz Sünde − so furchtbar schön finde. Genau an dieser Stelle versuche ich diese billige Gnade zu erlangen. Ich weiß, dass mir Gott vergibt, wenn ich ehrlich um Vergebung bitte (was ich auch tatsächlich so meine), aber wenn ich danach fröhlich weiter sündige (ich kann es ja tun, mir wird ja vergeben), nutze ich Gott aus. Ich nutze sein Geschenk der Gnade aus um meiner Lust weiter zu folgen. Jetzt gibt es nur ein Problem bei der ganzen Sache: »Ein Mensch sieht, was in die Augen fällt; ich aber sehe ins Herz.« (1. Samuel 16,7). Gott kennt uns, er weiß, wie es in unserem Herzen aussieht und sieht, ob wir etwas ehrlich meinen oder nicht. Wenn ich also – und jetzt kommt ein ziemlich bedeutender Aspekt! – nicht aus reinem Herzen[7] die Vergebung suche, wird mir Gott seine Gnade nicht geben. Es kommt auf unsere Herzenshaltung an. Ich kann eine furchtbar schlimme Sünde begehen, wenn ich sie aber auf tiefstem und ehrlichem Herzen bereue, wird Gott sie mir vergeben. Ich kann eine andere Sünde begehen, die in Menschenaugen weit weniger tragisch ist. Wenn ich sie aber nur vor Gott bringe, weil sich das so gehört und ich mich dadurch besser fühle, wird sich Gott nicht austricksen lassen. Ich muss es aus reinem und freiem Herzen tun und nicht aus irgendwelchen anderen Beweggründen. »Freuen dürfen sich alle, die im Herzen rein sind – sie werden Gott sehen.« (Matthäus 5,8)

Wenn ich davon spreche, wie *tragisch* oder *schlimm* Sünde ist, kommt mir die Bibelstelle aus dem Jakobusbrief in den Sinn: »Denn wer das gesamte Gesetz befolgt, aber gegen ein einziges Gebot verstößt, hat gegen alle verstoßen und ist vor dem ganzen Gesetz schuldig geworden.« (Jakobus 2,10).[8] Ich glaube, dass das prinzipiell stimmt. Es ist für Gott irrelevant, ob ich jemandem etwas stehle oder ich *nur* neidisch auf ihn bin. Dennoch glaube ich aber, dass es dahingehend einen Unterschied gibt, dass es auch hier auf meine Herzenshaltung ankommt. Wenn ich auf jemanden neidisch bin, kann das aus einem Impuls heraus kommen. Wenn ich jemandem etwas stehle, überlege ich mir (im *Normalfall*) vorher genau wie ich das tue. Sünde ist Sünde, das stimmt. Aber du musst jetzt nicht denken, dass, wenn du lügst, du genauso gut einen Mord begehen kannst. Die Sünde an und für sich ist für Gott gleich. Aber wenn du innerlich so verbittert und rachsüchtig bist um jemandem das Leben zu nehmen, ist deine Herzenshaltung mit Sicherheit eine andere, als wenn du aus einer bestimmten Situation heraus lügst. Immerhin kann auch dauerhafter Neid dein Herz kaputter machen, als aus einem Affekt heraus etwas zu stehlen.

Das heißt natürlich nicht, dass kleinere Sünden *okayer* sind als andere. Ich möchte damit nur sagen, dass wir alle Sünden begehen und es darauf ankommt, dass wir wahrhaftig bereuen und wir ehrlich versuchen es besser zu machen. Wenn wir das tun, erfahren wir keine *billige*, sondern *echte* Gnade. Und glaubt mir Leute, diese Gnade ist grandios!

Grandios allein deshalb, weil sie (auch auf die Gefahr hin plakativ zu klingen) *unendlich* ist. Gott hat kein bestimmtes Pensum an Gnade, das er nach tausend Vergebungen aufgebraucht hat. Er hat unendlich viel davon. Das sich vorzustellen, ist allerdings sehr schwierig. Ich versuche es trotzdem zu beschreiben.

Es gibt Menschen auf dieser Welt, die haben eine (oder mehrere) Millionen auf dem Konto. Das klingt immer nach sehr viel und doch irgendwie *realistisch*. Dann gibt es aber auch Menschen, die eine *Milliarde* auf dem Konto haben. In meinem Kopf ist das (ohne viel darüber nachzudenken) annähernd dasselbe. Reich ist reich. Dabei ist eine Milliarde so unfassbar viel, dass wir uns diese eigentlich gar nicht vorstellen können. Einer meiner Brüder studiert Mathematik und hatte in einer Vorlesung folgendes Beispiel: Man stelle sich eine Welt vor, in der jegliche Zeit in Sekunden gemessen wird. Ein Mann kommt vor Gericht und wird zu einer Million Sekunden Gefängnis verurteilt. Der gute Kerl ist nach gut elf Tagen wieder raus. Ein anderer bekommt eine Gefängnisstrafe von einer Milliarde Sekunden. Wisst ihr, wann der wieder draußen ist? Nach ungefähr einunddreißig *Jahren* (bei guter Führung vielleicht auch nur dreißig). Einunddreißig *Jahre*! Das bedeutet gleichzeitig, dass du in deinem Leben nie (mit schlafen, essen etc.) bis zur einen Milliarde zählen kannst. Ich finde das so verrückt und im wahrsten Sinne des Wortes *unvorstellbar*. Und warum erzähl ich dieses Beispiel? In der Schule lernen wir am Anfang die Zahlen bis zehn, später dann bis hundert, tausend, eine Million und schließlich eine Milliarde (nochmal zur Erinnerung: eine Milliarde ist abseits unserer Vorstellungskraft). Irgendwann lernen wir dann dieses Zeichen kennen: ∞, die *Zahl* Unendlich. Wenn eine Milliarde schon so groß ist, was bitte ist dann *unendlich*?

Gottes Gnade ist unendlich.

Und jetzt noch eine ganz einfache Rechnung: Was ergibt ∞ x 0? Genau: 0. Aber was ergibt ∞ x 0,0000000000000001? Richtig: Unendlich.

Was ich damit sagen will, ist, dass schon ein winziger Teil Gottes unendlicher Gnade ausreicht. Es ist unvorstellbar, aber das heißt nicht, dass es das deshalb nicht gibt. Diese Gnade ist real (wenn auch nicht zum Anfassen) und Gott will sie uns schenken.

Wenn wir von Gnade reden, müssen wir uns diese auch einmal in Verbindung mit der (Nächsten-)Liebe betrachten. Denn nicht nur Gott will uns Gnade schenken, er will, dass auch *wir* gnädig sind. Im 6. Kapitel im Lukasevangelium im Vers 27 steht folgende Aussage dazu: »Liebt eure Feinde; tut denen Gutes, die euch hassen«. Das ist harter Tobak: »tut denen Gutes, die euch hassen«. Mir fällt es ja schon manchmal schwer, die zu mögen, die ab und an gemein zu mir sind. Aber denen, die mich *hassen*, soll ich auch Gutes tun? Und jetzt kommt das Entscheidende: Gott liebt alle Menschen. Und Jesus sagt auch: »Werdet barmherzig, so wie euer Vater barmherzig ist!« (Lukas 6,36). Es gibt so viele Menschen, die Gott hassen. Ich meine nicht nur die, die nicht an ihn glauben oder dem Ganzen neutral gegenüber stehen. Ich meine die, die Gott aus dem Innersten ihres Herzens hassen. Auch die hat Gott lieb. Ich denke, dass, wenn dem nicht so wäre, Gott diese Leute schon lange vernichtet hätte und ihnen keine Berechtigung hier auf Erden geben würde. Aber Gott gab uns den freien Willen uns für dieses oder jenes zu entscheiden und Gott gibt uns *allen* die Chance, das Richtige zu tun. Weil er die Liebe selbst ist (klingt komisch, was?). Und wir (auch wenn wir das niemals ebenbürtig hinbekommen) sollen wenigstens versuchen, ihm gleich zu sein. Wir sollen die Gnade, die wir von Gott bekommen, weitergeben.

Mein Versprechen zu Beginn dieses Kapitels, euch *gleich* meinen christlichen Lieblingsfilm vorzustellen, hat dann doch ein paar Seiten gedauert, aber jetzt ist es so weit. Es handelt sich dabei (Trommelwirbel!) um den Film »To Save a Life«.[9] Leider musste er ein paar harte Kritiken einstecken und wurde vielleicht deshalb auch nicht so erfolgreich. Aber es gab auch positive Kritiken (auch offizielle und nicht nur meine), wie zum Beispiel, dass er zwar einen christlichen Inhalt hat (der *uncoole*, ehemals beste Freund eines an der Highschool durchweg beliebten Jungen nimmt sich das Leben, woraufhin dieser anfängt über sein Leben neu nachzudenken), aber nicht von Klischees behaftet ist, sondern auch *lebensnahe* Situationen zeigt.[10] Und das ist auch der Grund, warum ich den Film so genial finde: Weil er das Finden zu Gott so realistisch und echt darstellt und keine *übernatürlichen* Dinge jedes Vorurteil bestätigen. Es geht darum, dass wir die Menschen, die tagtäglich an uns vorbeilaufen, bewusster wahrnehmen und auf sie zugehen sollen. Wir sollen ihnen mit Gottes unvoreingenommener Liebe begegnen. Ich finde den Ausdruck »Gottes unvoreingenommene Liebe« so herrlich ansprechend. Gottes Liebe ist unvoreingenommen. Gerade sprach ich davon, dass Gott die Liebe selbst ist. Und die Liebe selbst ist *unvoreingenommen*. Sie kennt keine Vorurteile, sondern sieht den Menschen an, wie er ist.[11] Und das ist es, was Lukas 6,27 sagt: Liebt auch die, die euch hassen! Seid unvoreingenommen! Habt nicht das Vorurteil, nur weil sie euch hassen, sind es schlechtere Menschen und haben eure Liebe nicht verdient. Im »Hohelied der Liebe« im 1. Korintherbrief Kapitel 13 wird explizit hervorgehoben, welchen Stellenwert die Liebe hat: »Auch wenn alles einmal aufhört – Glaube, Hoffnung und Liebe nicht. Diese drei werden immer bleiben; doch am höchsten steht die Liebe.« (Vers 13). Gott macht zudem nochmal deutlich, dass es nicht ausreicht, nur die zu lieben und gut zu behandeln, die uns auch gern haben. »Warum erwartet ihr von Gott eine Belohnung, wenn ihr nur die liebt, die euch auch lieben? Das tun sogar die Menschen, die nicht nach dem Willen Gottes fragen. Warum erwartet ihr von Gott eine Belohnung, wenn ihr nur die gut behandelt, die euch auch gut behandeln? Das tun auch die hartgesottensten Sünder.« (Lukas 6,32-33). Wir sollen unvoreingenommen lieben. Auch wenn das hart klingt (und ist), so ist es doch notwendig, um Gottes Reich hier auf Erden Wirklichkeit werden zu lassen.

Und wenn du jetzt meinst, dass wir vom Thema der Gnade abgekommen sind, so lass mich dir sagen, dass diese unvoreingenommene Liebe die reinste Form der Gnade ist. Wenn ich unvoreingenommen liebe, kann ich dem anderen aus Herzen verzeihen, egal welche Beziehung er zu mir hat, und ihm *meine* Gnade schenken.

Einen letzten Gedanken, der mir zum Thema Gnade einfällt, ist das *»Produkt«*, das sie mit sich bringt. In christlichen Kreisen gibt es häufig Lieder, in denen davon gesungen wird, dass man sich in die Hände Gottes fallen lässt und er einen auffängt. Genau das beschreibt die Gnade sehr gut. Wenn wir den Fuß neben den schmalen Pfad gesetzt haben und fallen, fängt Gott uns mit seiner Gnade auf. Doch leider ist es so, dass viele das nicht für so ganz einfach halten (denk an den Bentley vor deiner Tür). Die Menschen haben Angst davor sich fallen zu lassen. Viel lieber versuchen sie sich mit aller Kraft an einem winzigen Zweig festzukrallen und den Berg alleine wieder zu erklimmen. Wir müssten nur loslassen und Gottes Geschenk annehmen, doch wir wollen es lieber selbst schaffen und trauen der Sache nicht. Und das ist es, was uns im eigentlichen Sinne *schwach* macht. Dieses Fallenlassen kann man allerdings nicht *erklären* oder sich *beibringen* lassen (wie lachst du aus tiefstem Herzen?).

Zum Abschluss dieses Kapitels möchte ich euch einen weiteren Liedtext meiner Band zeigen. Ich habe den Text geschrieben, nachdem ich den Film »To Save a Life« ein weiteres Mal gesehen und ganz neu über diese Gnade nachgedacht habe.[12]

Ein Leben retten

So viel von dir gehört, so viel von dir erfahren.
So viel an dich gedacht und dennoch nichts erahnt.
Wie kann das alles sein? Wie kann das nur passieren?
Wie kann man mit dir leben ohne sein Leben zu verlie-
ren?
So viele Worte schon gesprochen, so viele Versuche
unternomm'.
Und doch nie einen Willen gebrochen. Bist zu uns
herabgekomm'.
Um uns das Leben zu zeigen, uns auf den richtigen Weg
zu führen.
Und doch scheint alles stehen zu bleiben, bei uns
scheint gar nichts zu passieren.
Und ich kann dir jetzt nicht sagen, wo ich gerade bin.
Da stellt sich doch die Frage, wo liegt hier der Sinn?
Das alles zu erfassen, das alles zu verstehen,
ist ein langer Weg. Ich will ihn mit dir gehen.
Wie können die Menschen nur glauben, dass es da
nichts Weiteres gibt?
Sich selbst so sehr berauben, dass man nicht mal weiß,
wie man liebt?
Wie könn' sie dich nur missachten, aber wissen, du bist
da?
Sich selbst so schwer belasten? Es wär doch alles klar.
Klar und einfach, wenn man sich nur fallen lässt in dei-
nen Arm.

Bei all der Angst, die dein Leben nur noch stresst, was soll ich sagen auf all die Fragen?
Und diese Fragen sind mir lange schon gekomm'.
Warum bin ich nicht, warum bin ich nicht, warum bin ich nicht ausgenomm'?
Deine Liebe ist unbegreiflich, deine Gnade unendlich groß.
So kann ich immer wieder kommen in deinen liebenden Schoß.
So viele Fehler, die es gibt. So viele Schläge, kaum zu zählen.
Und doch bin ich geliebt und darf in deiner Nähe stehen.
Ich möchte immer bei dir bleiben, finde immer ein Zuhaus.
Allein du kannst Liebe zeigen, wenn du mich nur an- schaust.
Ich kann und will mich nicht verstecken. Ich liebe dich so sehr!
Kamst um mein Leben zu retten. Ich danke dir Herr!

Trotz allem Schlechten ist Gott für uns da. Und dass es genügend Schlechtes bei mir gibt (und ich diese Gnade so was von brauche, aber auch bekomme), sollen die nächsten zwei Kapitel veranschaulichen.

»Hab betrogen, hab verraten, hab geweint und hab gelacht«

Die beiden nächsten Kapitel hängen stark miteinander zusammen. Ich möchte euch zeigen, wie das, worüber ich die ganze Zeit spreche, in meinem Leben *ist* und im folgenden Kapitel versuche ich zu beschreiben, was ich dafür oder dagegen *tu*. Das Ganze hier wird nur ein winzig kleiner Exkurs um euch einerseits klar zu machen, dass ich keine Ausnahme bei all den schlechten Dingen bin (das hab ich zwar schon immer mal mit anklingen lassen, aber mir ist es wichtig, dass ich es noch einmal hervorhebe) und andererseits soll es den Weg für das nächste Kapitel ebnen.

Oftmals wird in Beziehungen gerne von dem (Ehe)-Partner als der sogenannten *besseren Hälfte* gesprochen. Ich bin verheiratet und muss sagen, dass meine Frau ziemlich oft meine bessere Hälfte ist. Sie denkt für mich mit, gibt mir kluge Ratschläge und warnt mich auch manchmal vor Dingen, die nicht unbedingt zum Besten für mich sind. Aber sie ist eben nur *ziemlich* oft meine bessere Hälfte (sie ist eben auch nur ein Mensch). Wer aber tatsächlich *immer* meine bessere Hälfte ist, ist Gott. Denn (wiederum auf die Gefahr hin zu platt oder zu *fromm* zu klingen) ich weiß, dass, wenn ich Gott nicht in meinem Leben hätte, ich monumental zu Boden gehen würde. Leute, ihr wisst gar nicht wie viel Müll ich so zustande bringe. Der Einzige, der alles weiß, ist Gott und ich weiß und spüre (wie soll ich das erklären?!), dass er trotzdem zu mir hält, für mich da ist und mir hilft.

Ich habe lange darüber nachgedacht, wie viele Sünden ich hier aufzählen soll, aber ich denke, das ist nicht Sinn der Sache. Lasst mich nur so viel sagen, dass es von schlechten Gedanken über Neid bis hin zu Vorurteilen, Lügen und Täuschungen (und darüber hinaus) reicht. Es gab auch Zeiten, in denen ich regelmäßig die *billige* Gnade in Anspruch genommen habe und ich weiß, dass damit wahrscheinlich auch nie (zumindest zu meinen Lebzeiten) komplett Schluss sein wird. Aber, wie ich schon ganz am Anfang des Buches gesagt habe, versuche ich immer wieder mich neu auszurichten und immer weniger dieser schlechten Dinge in meinem Leben zuzulassen. Und ich kann ebenfalls sagen, dass ich auch *echte* Gnade empfange und letztendlich das das Einzige ist, was mich weitermachen lässt.

Denn ich habe zwar die allerschlimmsten Narben, sehe aber auch die allerschönsten Farben.

»Wie kann man mit dir leben ohne sein Leben zu verlieren?«

Das folgende Kapitel sollte ursprünglich ziemlich kurz werden. Ich wusste gar nicht so richtig, ob ich es überhaupt mit aufnehmen sollte, dachte mir dann aber, dass ich mindestens zwei kleine Geschichten aus meinem Leben erzählen möchte. Während des Schreibens dieses Buches bekam ich allerdings immer mehr Ideen und Einfälle und Anekdoten, die ich irgendwie mit unterbringen wollte, weshalb es jetzt doch ein etwas längeres Kapitel geworden ist.

Ich möchte damit beginnen, dass ich nicht massig Lebenserfahrung oder extrem außergewöhnliche Dinge erlebt habe. Aber es sind viele kleine Dinge, die ich von und mit Gott erfahren habe (und erfahre) und die letztendlich (auch) bedeutend sind. Die erste Sache ist beispielsweise mein Finden zu Gott.

Ich bin in einer wohlbehüteten Familie mit Mama, Papa und drei Geschwistern aufgewachsen (keine Angst, das wird jetzt keine Lebensbiografie). Wir vier Brüder haben allesamt die *christliche Laufbahn* genommen mit Christenlehre, Konfirmationsunterricht und Junger Gemeinde. Bei meinen zwei älteren Brüdern (zumindest weiß ich das von einem etwas genauer) war es jedoch so, dass sie in ihrer jugendlichen Rebellionsphase einige (nicht ganz legale) Dinge taten und nicht unbedingt ein vorbildliches, *christliches* Leben führten. Beide hatten jedoch irgendwann ein Bekehrungserlebnis, von dem man in christlichen Kreisen oft hört und darüber erstaunt ist. Von heute auf morgen (vielleicht ist das etwas überspitzt, aber meine Brüder werden es mir verzeihen) gaben sie sich in Gottes Hand und änderten ihr Leben. Ich hatte so ein Erlebnis nie. Nicht, dass ich nicht auch mal hier und da etwas Verbotenes tat, aber im Grunde genommen wuchs ich so allmählich in das Christsein hinein und es gab keinen konkreten Punkt, an dem ich Jesus in mein Leben ließ. Früher (und auch heute noch manchmal) fand ich das sehr schade, da ich es schon cool finden würde, zu sagen, dass ich ab *diesem einen Moment* mein Leben vollkommen radikalisierte. Ich denke aber trotzdem nicht, dass es schlimm ist, dieses Erlebnis *verpasst* zu haben. Denn es geht um die Lebensweise. Es geht darum Schritt für Schritt näher an Jesus heranzutreten. Ich denke, selbst wenn man von heute auf morgen sein Leben ändert, gibt es doch immer wieder Dinge, die wir *wie früher* machen. Es ist eben ein Prozess, den es zu beschreiten gilt. Ein lebenslanger Prozess, der nicht zu irgendeinem Zeitpunkt abgeschlossen ist.

Ich möchte euch nun zeigen, wie ich versuche diesen Prozess, diesen Weg zu gehen.

Um die klarste Vorstellung davon zu bekommen, wie man *richtig* lebt, muss man in die Bibel, in das Wort Gottes schauen. Im Philipperbrief im 2. Kapitel steht: »Handelt nicht aus Selbstsucht oder Eitelkeit! Seid bescheiden und achtet den Bruder oder die Schwester mehr als euch selbst. Denkt nicht an euren eigenen Vorteil, sondern an den der anderen, jeder und jede von euch! Habt im Umgang miteinander stets vor Augen, was für einen Maßstab Jesus Christus gesetzt hat ... Tut das alles ohne Murren und langes Hin- und Herreden!« (Philipper 2,3-5;14). Das ist ja schon einmal ein super Anfang. Ich will jetzt gar nicht ins Detail gehen und jedes Wort der Verse auseinandernehmen, aber ich finde die Aussage wunderbar praktisch. Letztendlich habe ich vieles davon schon in diesem Buch erzählt, aber diese Verse fassen das (bestimmt nicht alles) sehr gut zusammen. Abgesehen von den einzelnen Dingen, die wir tun oder lassen sollen, steht in Vers 5 wirklich *alles* zusammengefasst: »Habt im Umgang miteinander stets vor Augen, was für einen Maßstab Jesus Christus gesetzt hat«. Und glücklicherweise müssen wir nicht unbedingt ein Theologiestudium beginnen (wobei das vielleicht helfen kann) um herauszufinden, wie Jesus gelebt hat. Denn weiter heißt es: »Er war in allem Gott gleich, und doch hielt er nicht gierig daran fest, so wie Gott zu sein. Er gab alle seine Vorrechte auf und wurde einem Sklaven gleich. Er wurde ein Mensch in dieser Welt und teilte das Leben der Menschen.« (Philipper 2,6-7). Jesus erniedrigte sich, obwohl er anders hätte sein können. Er war auch Gott und hätte das voll raushängen lassen können. Und doch wurde er ganz klein. Ich habe jetzt schon viel darüber gesprochen, wie Jesus war, was er tat und was nicht (und es gibt noch tausend weitere Dinge zu berichten), aber diese beiden Verse erinnern daran, was die Grundhaltung in unserem Leben sein sollte. Manche von uns sind vielleicht hohe Tiere in ihrer Welt und wollen (und können) den anderen zeigen, was sie so drauf haben. Aber so sollen wir nicht sein. Wir sollen demütig leben.

Eine wahnsinnig praktische Sache, die ich in diesem Zusammenhang erfahren habe, sind die abgenutzten, mir Vorurteilen überzogenen WWJD-Armbändchen. WWJD – What Would Jesus Do (zu Deutsch: Was würde Jesus tun?). Ich habe so ein Band nie besessen, aber trotzdem ist das eine fabelhafte Übung um Jesus besser nachzufolgen. Frage dich einfach in jeder Situation (vor allem in den prekären), was Jesus in diesem Moment tun würde. Würde Jesus das kleine versaute Filmchen jetzt anklicken? Würde er jemanden täuschen um seinen eigenen Vorteil daraus zu ziehen? Frage dich, was Jesus tun würde und du wirst sehen, wie du Jesus Stück für Stück näher kommst. Eine ähnliche Methode kann es sein, sich vorzustellen, dass Jesus die ganze Zeit gegenwärtig ist. Also nicht in dem oftmals plakativen Verständnis, dass Jesus immer als Moral über einem schwebt, sondern ganz praktisch und physisch. David ist ein Vorreiter dieser Methode, denn er schreibt: »Ich habe den Herrn allezeit vor Augen.« (Psalm 16,8).[1] Stell dir vor, Jesus steht jetzt genau in diesem Augenblick neben dir. Würdest du noch immer auf das Filmchen klicken?

Diese *Methoden* sind natürlich kein Allheilmittel. Aber sie können dazu führen, dass du über die Dinge, die du tust, intensiver nachdenkst. Wenn du mir nicht glaubst, probiere es aus!

In dieser Gesinnung zu leben, bringt mich zu einem weiteren Punkt. Ich hab mal in einer Predigt gehört, dass wir uns eine Frage stellen müssen. Nämlich: Ist Jesus dein *Erlöser* und *Herr*? Die Sache ist nämlich die, dass zu sagen, »Jesus ist mein Erlöser«, gar nicht so schwierig ist. Ich glaube, anzuerkennen, dass Jesus für unsere Sünden gestorben ist und wir als Christen erlöst sind, können die meisten von uns und tun es auch. Das Schwierige ist die zweite Aussage: »Jesus ist mein Herr«. Denn wenn er mein *Herr* ist, dann ist er das absolut Höchste und dann richte ich alles nach ihm aus. Und ich persönlich finde es sehr schwierig, das voll und ganz anzuerkennen. Wie viele Dinge gibt es, die ich tu, obwohl ich weiß, dass ich sie nicht tun sollte. Wenn Jesus mein Herr ist, dann bestimme eben nicht *ich* was ich mache, sondern *er*. Und auch wenn ich das und das so gerne mache, ich aber weiß, dass das nicht in Jesu Sinn ist und ich ihn als meinen Herren annehme, dann lass ich es sein. Und bereits an diesem Anstoß merke ich, wie schwer es ist, das anzuerkennen und mich voll darauf einzulassen. Im Korintherbrief schreibt Paulus: »Ich sage also: Ob ihr esst oder trinkt oder sonst etwas tut, so tut alles zur Ehre Gottes.« (1. Korinther 10,31). Das ist eine Stelle, mit der ich ehrlich gesagt so meine Schwierigkeiten habe. Nicht mit der Tatsache an sich, die darin beschrieben ist, sondern damit, es umzusetzen. Denn ganz ehrlich, wenn ich fernsehe, zur Arbeit gehe oder auch nur Auto fahre, so bin ich mir nicht sicher, ob ich das zur Ehre Gottes tue. Aber ich denke, es geht darum, auf was ich mich ausrichte. Ich weiß, dass ich mich da sehr oft wiederhole, aber es geht nun mal nicht darum, wie ich nach außen wirke oder was ich wie genau tu, sondern darum, was die ganze Zeit in meinem Herzen mitschwingt.

Da wären wir wieder bei der Frage, was wichtig ist. Ich denke, es geht darum ein *bereinigtes* Leben zu führen. Klar geht es nicht ohne Sünde, aber wir sollten immer in dem Bewusstsein leben, es zu versuchen.

Wenn es um das richtige Leben, das richtige Handeln geht, stellte und stellt sich mir eine Art Kausalitätsfrage: Sündenfreiheit durch gutes Leben oder gutes Leben durch Sündenfreiheit? Das klingt jetzt vielleicht etwas verwirrend oder überspitzt, aber ich hoffe trotzdem, dass ihr mir gedanklich folgen werdet. Die Frage, die ich mir stelle, ist, ob ich *sündenfreier* (wie gesagt, ich denke, es geht nicht ohne, aber es geht mit deutlich weniger) lebe, wenn ich auf äußere Dinge achte (also der Körper geht voraus und das Herz folgt) oder ob ich dadurch, dass ich versuche weniger Sünden zu begehen, auch nach außen hin bereinigter bin (erst Herz, dann Körper).[2] Wer das Buch bisher aufmerksam gelesen hat, sollte die Frage sofort beantworten können. Klar ist die zweite Variante die »*richtige*«. Ich spreche die ganze Zeit davon, dass es auf die Herzenshaltung ankommt und alles andere zweitrangig ist. Und diese Aussagen will ich auch gar nicht revidieren oder zunichte machen. Ich möchte nur davon berichten, dass es möglicherweise eine Hilfe sein kann, die erste Variante zu versuchen. Jetzt sind wir an einem Punkt, der schon beinahe in Richtung *Lebenshilfe* geht. Davon möchte ich mich etwas distanzieren, da das einerseits immer so einen leicht *homöopathischen* Beigeschmack hat und ich andererseits nicht weiß, ob es für dich funktioniert. Ich möchte lediglich von meinen Erfahrungen berichten.

Vor ein paar Jahren habe ich zusammen mit einer Gruppe junger Leute das Markus-Experiment aufgeführt. Das ist ein Theaterstück, in dem das Markusevangelium (bis auf ein paar kleine Geschichten) komplett in circa anderthalb Stunden nachgespielt wird. Wir waren insgesamt um die zehn Leute und die meisten von uns haben wechselnde Rollen gespielt. Ich durfte (nicht *nur* wegen dem Bart und der langen Haare) in dem Stück die Rolle des Jesus übernehmen. Und diese Erfahrung hatte einen herrlichen Nebeneffekt. Nicht nur, dass ich das Evangelium annähernd auswendig konnte, ich war auch dazu *gezwungen* mir vorzustellen, wie Jesus agiert hat. Welche Gesichtsausdrücke hatte er in welchen Situationen? Wie hat er gesprochen? Wie war er drauf, als er mal ausgerastet ist? Ich musste Jesus sehr nahe kommen, was wunderbar war. Und so wie ich Jesus mir vorstellte (und ich ihn dann auch gespielt habe), war er die ganze Zeit am Lächeln. Klar, beim Ausrasten vielleicht nicht unbedingt, aber die Grundhaltung war immer dieses Lächeln. Während der Probenzeit und über das Stück hinweg habe ich versucht diese Grundhaltung auch in meinem Alltag anzuwenden. Mir wird oft nachgesagt, dass ich sehr grimmig schaue und so war es für mich ein zusätzlicher Ansporn durchweg zu lächeln. Und dabei habe ich festgestellt, dass sich auch meine Herzenshaltung veränderte. Versuch mal einen Tag lang lächelnd durchs Leben zu gehen. Du wirst sehen, dass es etwas mit dir macht.

Das Beispiel mit der älteren Dame, welches ich in Kapitel 3 schon angesprochen habe, kann auch hier als solch ein Versuch gesehen werden. Tu etwas Gutes, auch wenn du gerade überhaupt keinen Bock darauf hast. Ich will damit nicht sagen, dass wir dadurch alle zu besseren Menschen werden, aber es kann helfen sich zu einer anderen Einstellung zu *zwingen*.

Ein adäquates Beispiel wäre da eventuell die katholische Kirche. Da ich evangelisch aufgewachsen bin, kenne ich mich ehrlich gesagt nicht sonderlich gut mit katholischen Praktiken und Liturgien aus. Auf einem Seminar lernte ich aber einen katholischen Priester kennen und fragte ihn Querbeet über den Katholizismus aus. Und da wurde mir erst einmal richtig bewusst, weshalb es Liturgien und Praktiken (wie sie ja auch in ähnlicher Form in der evangelischen Kirche vorkommen) gibt. Dadurch, dass man sich äußerlich beherrscht, wie beispielsweise beim Gebet kniend die Hände zu falten oder sich zu bekreuzigen, kann es einem auch leichter fallen, innerlich beherrschter zu werden. Ich sage bewusst

»kann«, da andere durch so etwas nur abgeschreckt werden und wiederum ohne Liturgie tausendmal besser zurechtkommen (ich persönlich bin auch nicht der Freund langer Liturgien). Aber diese *Handlungen* meine ich, wenn ich davon spreche, dass es helfen kann, wenn der Körper vorausgeht. Und da Liturgie in erster Linie in Kirchen vorkommt, sind vielleicht Handlungen, wie den ganzen Tag zu lächeln, sehr praktische Tipps für den Alltag.

Durch diese Einstellung kann es auch dazu kommen, dass ich Menschen anders begegne. Leider bin ich immer sehr schnell dabei, Leute zu be- und verurteilen. Sehe ich einen Obdachlosen auf der Straße, mache ich automatisch einen Bogen um ihn, aus Angst, entweder einfach nur angequatscht zu werden oder, wenn ich ganz ehrlich bin, auch vor Ekel. Doch durch Shanes Worte wurde mir ganz deutlich bewusst, dass jeder andere auch ein Geschöpf Gottes ist. Er spricht davon, den Menschen in die Augen zu sehen – tatsächlich in die Augen – und uns klar zu machen, dass Gott diese Person, mit all ihren Macken und Schwächen, genauso wie mich oder meinen Bruder geschaffen hat. Gott hat sich diese Person bewusst ausgedacht. Wie kann ich mich davor bitteschön ekeln?! Wir sollen den anderen mit Gottes unvoreingenommener Liebe begegnen! Nichts anderes möchte Gott von uns. Und wenn ich schon lächelnd auf den Obdachlosen zugehe, *kann* mein ganzes Denken und vor allem *wird* mein ganzes Erscheinen anders sein und so etwas bietet völlig neue Möglichkeiten.

Eine Geschichte, die mir dazu einfällt, ist folgende: Ich wollte meine Frau von der Arbeit abholen und habe draußen in einem Park auf einer Bank auf sie gewartet. Ich war ein ganzes Stückchen eher da, hatte Zeit und habe geraucht. Plötzlich sprach mich ein augenscheinlich Obdachloser an, ob er mal Feuer haben könne. Meine erste Reaktion war Abneigung und ich gab ihm Feuer, in der Hoffnung, dass er schnell wieder verschwinden würde. In diesem Moment dachte ich an Shanes Worte, besann mich und fing ein Gespräch mit ihm an. Ich sagte etwas ganz Belangloses, wie »Na, alles klar?«. Er fragte mich ob er sich setzen könne, ich rutsche zur Seite und wir unterhielten uns. Er stellte sich als Henry vor und erzählte mir seine Lebensgeschichte. Davon, dass er in Cambridge Philosophie studiert hatte, Autor war und nur durch unglückliche Umstände sein Geld verlor, auf der Straße landete und mit dem Trinken anfing. Während des Gesprächs konnte ich förmlich spüren, wie sich meine Vorurteile abbauten und wir auf *Augenhöhe* miteinander kommunizierten. Henry war ein höchstinteressanter, gebildeter Mann, der trotz seiner Alkoholsucht das Leben verstand und geniale Gedanken hatte. Wir sprachen sogar über Gott (was allerdings mit einem Philosophen nicht ganz einfach ist). Aber es ging in diesem Moment nicht um den Inhalt unserer Worte, sondern darum, dass wir Zeit miteinander verbrachten. Als meine Frau fertig war und zu uns kam, verabschiedete ich mich von Henry und wusste, dass ich dieses Erlebnis so schnell nicht vergessen würde. Begegnet den Menschen mit Gottes unvoreingenommener Liebe!

Früher habe ich immer gern (und mehr im Spaß) davon gesprochen, dass, wenn ich mal sterben werde, das am besten auf der Heimfahrt vom sonntäglichen Gottesdienst passieren sollte. Warum? Weil man sich danach immer so *rein* fühlt. Es wurde der Segen über einen gesprochen, man hatte gebetet, man fühlte sich einfach sehr nah bei Gott. Mittlerweile bin ich der Meinung, dass man sich so immer fühlen sollte. Dieses Gefühl, ganz nah bei Gott zu sein, sollte unsere Lebensgrundlage sein. Denn Jesus warnt uns sogar davor, es anders zu halten: »Doch der Tag oder die Stunde, wann das Ende da ist, kennt niemand, auch nicht die Engel im Himmel – nicht einmal der Sohn. Nur der Vater kennt sie. Seht zu, dass ihr wach bleibt!« (Markus 13,32-33). Man könnte »wach« einfach durch »rein« ersetzen. Lebt immer in dem Bewusstsein, dass ihr plötzlich vor Jesus stehen könntet. Wäre ja blöd, wenn ihr noch mit der illegal gedownloadeten Musik in der Tasche vor ihn treten müsstet.

Wenn man allerdings immer (hey, der Versuch zählt!) ein korrektes Verhalten an den Tag legt, läuft es nicht zwingendermaßen so ab, dass, wenn ich Gutes tu, mir alles gelingt und andersherum. Ich persönlich habe auch schon das Gegenteil festgestellt. Da hat man irgendetwas *richtig* gemacht und auf einmal kommt von irgendwoher eine Hiobsbotschaft. Aber genauso ist es nun manchmal. »Hiob« ist da schon ein gutes Beispiel (wobei es bei ihm natürlich alles etwas krasser war). Gottes Plan ist doch viel größer! Vielleicht laufen kleine Dinge (vielleicht auch große, aber im Verhältnis doch eher klein) trotzdem schief und machen dir das Leben schwer. Aber ich persönlich merke, dass es insgesamt gut wird und ist. Denn schließlich nahm es auch bei Hiob ein gutes Ende: »Hiob lebte nach seiner Erprobung noch 140 Jahre, sodass er noch seine Enkel und Urenkel sah. Er starb in hohem Alter, gesättigt von einem langen und erfüllten Leben.« (Hiob 42,16-17).

Wir Christen haben es nicht immer einfach. Eine wunderbare Geschichte, die ich erleben *»durfte«*, muss ich an dieser Stelle unbedingt erzählen. Als Schulkind bin ich immer mit dem Bus von der Schule nach Hause gefahren. Der Busbahnhof, von dem wir abfuhren, war ein beliebter Treffpunkt von Rechtsradikalgesinnten. Eines Tages, wir warteten auf den Bus, kamen ein paar dieser Typen zu einem Mädchen und belästigten es. Daraufhin ging ein Bekannter von mir (an der ganzen Schule als Christ bekannt), der das Mädchen ebenfalls kannte, zu den Kerlen und sagte ihnen, dass sie sie in Ruhe lassen sollten. Nach ein paar Beschimpfungen klatschen sie ihm Eine direkt ins Gesicht. Und jetzt kommt der entscheidende Moment: Mein Bekannter blieb ganz ruhig und hielt dem Schläger die andere Wange hin, auf die er nun auch einen Schlag bekam. Trotzdem schien der Rechtsradikale verunsichert gewesen zu sein. Er wurde in diesem Augenblick regelrecht gedemütigt. Wäre mein Bekannter auf ihn losgegangen, hätte der Typ seine Kraft beweisen können und ihn nach Strich und Faden vermöbeln können. Aber so? Was sollte er großartig tun? In der Zwischenzeit ist unser Bus gekommen und wir sind gemeinsam eingestiegen. Es war prinzipiell dann auch schon ein Wunder, dass die Typen ihn einfach so haben gehen lassen. Man könnte zwar meinen, dass das jetzt nicht so die krasse Geschichte ist, aber zwei Dinge sind dabei elementar: Zum einen wurde mit der Schwäche die andere Wange hinzuhalten, unglaubliche Stärke bewiesen und zum anderen ist diese Geschichte noch heute in meinem Kopf. Gottes Pläne sind größer! Abgesehen von der Tatsache, dass die Geschichte auch anders hätte ausgehen können, hätte mein Bekannter nicht eingegriffen und sich so verhalten, könnte ich diese Geschichte heute nicht weitererzählen und bezeugen, wie großartig Gottes Beistand ist.

Ich habe die Erfahrung gemacht, dass sich Gott ganz oft in ganz kleinen Dingen zeigt. Ich könnte dabei jetzt tausend kleine Geschichten erzählen, aber das würde mit Sicherheit sehr langwierig sein. Ein Beispiel (auch wenn es mir sehr peinlich ist, das zu erzählen, da es in manchen Augen bestimmt völlig unbedeutend erscheint) habe ich erfahren, als ich wieder einmal gegen Gottes Willen gehandelt hatte und innerlich sehr zerrissen war. Ich hatte Gott um Vergebung gebeten und mich hingesetzt und mit meiner Gitarre ein paar Lieder gespielt. Ich spiele gern mit Plektrum, legte es aber für dieses eine

Lied auf mein Bein. Während des Liedes stellte ich fest, dass das Plektrum in einer so komischen Position an mir haften blieb, wie es eigentlich nicht hätte sein können. In diesem Moment hatte ich die Eingebung, dass mir Gott genau damit (mit diesem popligen Plektrum an meiner Hose) sagen wollte, dass er trotzdem an mir dran bleibt. Ihr wisst gar nicht, welche Zuversicht mir das gegeben hat. Gott hält zu mir, auch wenn ich ihn immer wieder enttäusche. Klar ist dieser Moment für die meisten völlig unbedeutend und mit Sicherheit physikalisch vollkommen erklärbar. Und klar würden die meisten jetzt sagen, dass das reiner *Zufall* war und ich spinne, wenn ich da so viel reininterpretiere. Aber für mich war es in genau diesem Moment von großer Bedeutung. In einem anderen Moment hätte ich das wohlmöglich gar nicht bemerkt beziehungsweise nicht diese Gedanken dazu gehabt, aber es muss eben nicht immer allgemeingültig sein. Es kommt ganz oft auf den Moment an und wir müssen die Augen offen halten, um Gottes Zeichen zu erkennen.

Ein Beispiel für eine etwas *größere* Sache ist das, als ich am PC war und wieder einmal gegen Gott gehandelt hatte. Plötzlich (und glaubt mir, ich weiß nicht woher es kam) ertönte aus den Lautsprechern meines Computers folgender Satz: »Eine gesunde Seele braucht einen gesunden Geist und einen gesunden Körper.«. Es war nichts geöffnet, von dem so etwas hätte kommen können. Ich bin mir sicher, dass Gott zu mir gesprochen hat. Nur hat er eben keinen Engel zu mir geschickt, der in weißem Gewand und mit dröhnender Stimme zu mir sprach, sondern hat meinen Computer dafür genutzt. Und ihr glaubt nicht, was so ein Satz in so einem Moment bewegen kann.

Die zwei ursprünglichen Geschichten, die ich in diesem Kapitel erzählen wollte, sollen natürlich auch nicht fehlen. Denn ich bin mir sicher, eine Begegnung mit einem Engel gehabt zu haben.

Vor neun Jahren bin ich mit zwei Freunden nach London gereist. Da wir noch Schüler waren und nicht allzu viel Geld besaßen, haben wir es vermieden für Bus, Bahn oder Taxi dieses auszugeben. Das bedeutet, dass wir recht viel gelaufen sind und jeder, der schon einmal in London (oder einer anderen Großstadt) war, kann sich vorstellen, dass man da schnell ein paar Kilometer zusammen bekommt. An einem Abend (wir waren bereits lange unterwegs) hatten wir uns sehr weit von unserem Hostel entfernt, in der Absicht wenigsten auf dem Rückweg die U-Bahn zu nehmen. Es war so gegen ein Uhr nachts, als wir an die U-Bahn-Station kamen und feststellen mussten, dass sie geschlossen hatte. Wir wussten leider nicht, dass es in London scheinbar üblich war, dass nachts keine U-Bahnen mehr fuhren. In diesem Moment schien die Stimmung in unserer kleinen Gruppe zu kippen. Wir waren total geschafft, gefrustet, übermüdet und wollten auf dem schnellsten Weg nach Hause. Da ein Taxi definitiv zu teuer gewesen wäre, beschlossen wir per Bus die Heimreise anzutreten. Das Problem war nur, dass wir uns weder in London auskannten, noch, dass irgendjemand von uns schon einmal dagewesen war und das *System* kannte. Mit sichtlich schlechter Laune und möglichst wenig Kommunikation gingen wir los um die nächste Bushaltestelle zu erreichen. Auf einmal kam, ohne dass wir ihn angesprochen haben, ein Mann auf uns zu und fragte uns, wohin wir wollten. Wir erklärten ihm in unserem gebrochenen Schulenglisch unsere Situation. Dass wir da und da hin wollten, aber keine U-Bahnen mehr fuhren und wir gezwungenermaßen den Bus nehmen müssten. Und dann geschah das Wunder: Er erklärte uns in weniger als einer Minute, welchen Bus wir in welche Richtung zu nehmen hatten, wo wir umsteigen und an welcher Haltestelle wir aussteigen mussten. Und dann … dann war er wieder verschwunden. Das Ganze ging so unglaublich schnell, dass wir es gar nicht richtig fassen konnten. Das Kuriose war, dass wir ihn einerseits perfekt verstanden haben, wobei unser Englisch nicht das beste war (es kam uns fast so vor, als würde er deutsch mit uns reden), und andererseits muss ich dazu sagen, dass wir so gut wie alles auf dieser Reise per Videokamera dokumentierten. Verblüffender Weise haben wir während dieser Begegnung die Kamera ausgehabt, was wirklich eigenartig war, da wir selbst in *kritischen* Situationen alles mitfilmten. Wir stiegen also in den Bus ein, taten alles nach seinen Anweisungen und waren eine Stunde später behütet im Hostel angekommen.

Das ist eine Geschichte, in der Gott in einer ganz speziellen Situation große Hilfe leistete. Aber auch auf einer weiteren Reise wusste ich, dass Gott uns Engel beiseite gestellt hat.

Ich sprach weiter vorn schon einmal von unserer Hochzeitsreise nach Los Angeles. Auf dieser Reise gab es so viele unbekannte Faktoren, die mich im Vorhinein unruhig schlafen ließen. Da hätten wir beispielsweise, dass wir noch nie in den Vereinigten Staaten waren (Pass, Visum, Einreise), wir noch nie einen Wagen gemietet haben, wir zum ersten Mal mit einer Kreditkarte unterwegs waren und noch viele Dinge mehr. Und ich kann euch sagen: Die unruhigen Nächte waren so was von umsonst. Irgendwie hat einfach alles hingehauen. Klar, bei anderen ist auch nicht jede Reise eine Katastrophe, aber ich habe gespürt, wie Gott immer wieder »kleine« Engel zu uns schickte. Wie beispielsweise, als wir das erste Mal tanken mussten. Tja, als Europäer tankt man, geht zur Kasse und bezahlt. Nicht so in den USA. Da steht man an der Zapfsäule und kein einziger Tropfen Benzin kommt heraus. Aber auch hier schickte uns Gott Menschen, die uns erklärten, was wir zu tun hatten (auch wenn wir in dem Fall sie ansprachen). Da gibt es auch die Geschichte, als wir nachts um zwei Uhr aus unserem Hostel auschecken wollten, da es dort einfach (im wahrsten Sinne des Wortes) fürchterlich war. Da ruft man mitten in der Nacht aus einem schäbigen Hostel heraus mit dem Handy in Deutschland an und es gibt Personen, die so etwas für einen regeln. Das ist Gottes Beistand!

Worüber ich auch schon gesprochen habe, ist die Tatsache, dass ich oder wir uns so oft Geldsorgen machen. Dann versuche ich zu beten: »Gott, du wirst für uns sorgen. Ich danke dir dafür.«. Wie ich schon sagte, kommt dann nicht ein Engel vom Himmel geflogen und überschüttet mich mit Geld. Aber ich merke einerseits, wie ich die Zuversicht bekomme, dass Gott sich darum kümmern wird und andererseits ist es ganz oft so (wenn es wirklich mal knapp wird), dass unverhofft Geld eintrifft. Ob es eine plötzliche Mietnebenkostenabrechnung ist, in der uns gesagt wird, dass wir noch etwas ausgezahlt bekommen oder auf andere Weise sich etwas nebenbei verdienen lässt. Früher, als ich noch jünger war, habe ich oftmals von Gott ein Zeichen gefordert. So nach dem Motto: »Herr ist das okay? Wenn ja, lass es doch bitte einmal knacken.«. Dieses Knacken kam dann auch öfters (meistens dann, wenn »ja« etwas Gutes für mich bedeutete), aber ich bin mir ziemlich sicher, dass das alles nur Einbildung oder Wunschdenken war. Ich denke, dass Gott so nicht ist. Ich denke, dass Zeichen oder Hinweise oder Erfüllungen dann kommen, wenn man nicht direkt darauf wartet. In einer Predigt habe ich mal gehört, dass man erst von seiner Bitte loslassen muss, um sie zu bekommen. Wenn ich also jeden Tag darauf beharre, dass mir Gott meinen Wunsch erfüllt, kann es gut sein, dass daraus nichts wird. Wir sollen das, was wir wollen, vor Gott bringen und dann darauf vertrauen, dass er es regeln wird. Es heißt zwar in der Bibel: »lasst nicht nach im Gebet« (Römer 12,12), aber ich denke, dass es dabei darum geht, dass wir es auch wirklich ernst meinen mit unserer Bitte und nicht nur einmal für dieses und einmal für jenes bitten, wie es uns gerade einfällt. Es funktioniert mit Sicherheit auch, dass man nur ein einziges Mal um etwas bittet und es geschieht. Aber es muss eben ernst gemeint sein und auf Vertrauen basieren (und ich bin mir sicher, dass, wenn dir etwas sehr wichtig ist, du automatisch mehrfach darum bitten wirst). Wie es bei mir mit dem Geld ist. Wenn ich Gott bitte, dass er mir morgen Geld schenkt, ist es selten so, dass auf einmal fünfhundert Euro mehr auf dem Konto sind. Aber meistens ist es so, dass, wenn die Bitte ernst gemeint (und damit sinnvoll) ist und natürlich auch in Gottes Plan passt (denk daran: Gottes Plan ist größer), er diese erfüllt. Nur eben meistens dann, wenn ich nicht damit rechne. Und meistens auch nicht in der Form, wie ich es mir gewünscht oder gedacht habe. Als meine Frau und ich uns beispielsweise mal wieder darum sorgten, dass es knapp auf dem Konto wird, bat ich Gott, dass er eine Möglichkeit schenkt, diese Situation zu meistern. Ein paar Tage später rief mich meine Frau an, dass sie ein Vorstellungsgespräch für einen Job hätte. Gott überwies uns also nicht einfach Geld auf unser Konto und das auch nicht am nächsten Tag. Er sorgte für uns, nur eben anders als gedacht.

Ein sehr aktuelles Beispiel für die Sache mit dem Loslassen der Bitte ist die, die ich eben erst durch dieses Buch erfahren habe. Ich hatte anfangs ziemlich viele Lied- und Filmzitate verwendet, bis mir klar wurde, dass das eventuell einige Urheberrechtsverletzungen mit sich bringen könnte. Ich habe lange hin und her überlegt, ob ich die Zitate nun drin lasse oder sie besser doch wieder streiche (wobei mir ersteres weitaus besser gefallen hätte). Immer wieder dachte ich darüber nach und wollte, dass Gott mir eine Antwort schenkt. Ich habe auf jede Kleinigkeit geachtet und versucht eine passende Antwort (womöglich eine, die *ich* will) zu finden. Irgendwann (und auch das kann man als Art Methode sehen) hab ich mir vorgenommen bis zum nächsten Abend nicht mehr über das Thema nachzudenken. Die Bitte auf eine Antwort war noch da, aber ich ließ sie für den nächsten Tag ruhen. Kurz vor der Deadline bekam ich das Gefühl, dass es besser sei, die Zitate wegzulassen. Ich bekam Ideen, wie ich es umschreiben und auch ohne Zitate auskommen kann (und ich hoffe, dass das Buch immer noch ganz okay ist). Das ist nur ein kleines Beispiel, aber es hat mir einmal mehr demonstriert, dass man manchmal erst ein wenig Abstand (nicht von Gott, sondern von der Bitte) braucht, um das Eigentliche zu erkennen.

Lass mich dir aber sagen, dass es nicht immer so laufen muss. Vor allem kann es gut und gerne auch mal zwei Monate anstatt zwei Tage dauern (aber Gott sah wohl, dass ich nicht lange warten wollte). Außerdem heißt das nicht, dass Gott alles erfüllt, wenn ich es wirklich will und es dann wieder loslasse. Auch wenn ich mich da wiederhole, aber Gottes Pläne sind größer. Das, was wir für das Beste halten, muss nicht auch tatsächlich das Beste sein. Wenn du denkst, dass Gott dir keine

Zeichen sendet, dann geh mal in dich und überleg, ob du vielleicht nur nach der einen Antwort (die dir am besten in den Kram passt) Ausschau hältst. Sorry, aber du musst auch offen für unbequeme Antworten sein. Loslassen bedeutet nicht die Augen vor Gottes Zeichen und Hinweise zu verschließen. Mach dich selbst zugänglich für das, was Gott dir sagen will (nebenbei bemerkt denke ich, dass, wenn wir es mal nicht auf Anhieb raffen, er nicht aufgeben wird, es immer wieder zu probieren). Gott denkt weiter! Und ich kann dir versichern, dass Gott es gut mit uns meint und er alles zum Besten wendet. Ich aber kann es dir nur beschreiben. Du musst deine eigenen Erfahrungen mit Gott machen.

Ich will mit diesen vielen kleinen Beispielen deutlich machen, dass Gott da ist. Er hilft uns. Er geht dabei nur nach keinem Schema F vor, sondern geht auf jede Situation individuell ein. Aber er geht darauf ein.

All diese Dinge, von denen ich nun erzählt habe, sollen dir helfen deinen Blickwinkel zu erweitern. Schau mal über den Tellerrand (auch wenn das wieder sehr abgedroschen klingt). Gott ist kein »Etwas« irgendwo da oben im Himmel. Er ist ein lebendiger Gott. Er ist hier und zeigt sich in so vielen kleinen Dingen und will, dass wir von der Liebe und Gnade, die er uns gibt, ein Stück weitergeben. Wir sollen versuchen (und müssen es ehrlich versuchen), Dinge anzugehen und probieren, eine andere Art Leben zu leben. Denn dass das so wichtig ist, beschreibt ein wunderbarer Satz aus einem Buch von Shane Claiborne und Jonathan Wilson-Hartgrove:

»Du bist der einzige Jesus, den manche Leute je treffen werden.«.[3] Wir sollen wie Jesus sein und in diesem Bewusstsein auf unsere Mitmenschen zugehen. Wenn wir diese Einstellung verinnerlichen, sind wir (in) unserem Leben einen riesigen Schritt weiter.

»Bist du bei mir, bin ich bei dir, sind wir immerhin zu zweit hier«

Jetzt haben wir über das Leben im Alltag schon eine ganze Menge gesprochen. Ein weiterer Punkt, der da mit Sicherheit genauso dazugehört, ist der der Gemeinschaft. Gemeinschaften sind (selbst für einen Einzelgänger) ein wichtiges und lebensnotwendiges Thema. Denn mit Gemeinschaft meine ich nicht nur die Gemeinde meiner Kirche oder den allwöchentliche Bibelkreis, sondern auch Beziehungen, Partnerschaft, Freundschaften und vieles mehr.

Ich persönlich tu mich ehrlich gesagt ziemlich schwer mit diesem Thema. Schon in meiner Kindheit war ich eher der Einzelgänger (der *lonesome rider*, wenn man so will) und hatte mit Gemeinschaften nicht viel am Hut. Und auch heute ist das in gewisser Weise noch so. Klar hab ich Freunde, eine Ehefrau, bin in einer Gemeinde und lebe nicht abgeschottet hinter meinen vier Wänden. Dennoch bin ich jemand, der gut und gerne ein paar Tage für sich sein kann und nicht ständig jemanden um sich herum braucht. Deshalb habe ich auch so meine Schwierigkeiten, wenn in der Bibel sooft von Gemeinschaft gesprochen wird. Scheinbar ist es Gott wichtig, dass wir mit anderen zusammenleben und nicht allein durch die Welt ziehen. Aber warum ist das so wichtig?

Ich kann doch Gemeinschaft mit Gott halten und meine Dinge mit ihm klären. Wozu brauch ich da die anderen?

Ich denke, ein ganz wichtiger Punkt, warum wir mit anderen in Kontakt treten sollen, ist der, dass das schließlich unser Auftrag ist. Wir sollen Gottes Reich hier auf Erden (weiter)bauen und dazu gehört es (und davon spreche ich schon die ganze Zeit), dass wir auf andere, auf Fremde zugehen und unvoreingenommen lieben. Wenn wir also immer nur für uns sind, wie wollen wir dann lernen, Armen zu helfen, für andere da zu sein oder einfach nur jemandem zuzuhören? Außerdem meint die Bibel auch ganz oft mit Gemeinschaft, dass wir uns *einig* sein sollen. Es geht also nicht in erster Linie darum mit anderen abzuhängen, sondern eine *geistige* Gemeinschaft zu bilden. »Seid einig! Bildet keine Gruppen, die sich gegenseitig bekämpfen! Haltet in gleicher Gesinnung und Überzeugung zusammen!« (1. Korinther 1,10) Wir sollen also friedlich miteinander leben und aufeinander achtgeben. Das ist Gemeinschaft.

Eine Bibelstelle, mit der ich lange meine Probleme hatte, ist: »Denn wo zwei oder drei in meinem Namen zusammenkommen, da bin ich selbst in ihrer Mitte.« (Matthäus 18,20). Ich hab das nie so ganz verstanden. Heißt das, dass Gott nicht bei mir ist, wenn ich allein bete? Ich hab ja beim Beten trotzdem das Gefühl, dass mich Gott hört (und viele Dinge, von denen ich bereits berichtet habe, haben mir das auch gezeigt) und trotzdem machte mir diese Stelle in der Bibel ein mulmiges Gefühl. Mach ich etwas falsch? Doch auch hier, glaube ich, geht es Jesus in erster Linie um das *geistige* und nicht das *physische* Zusammensein. Dieser Vers steht in Verbindung mit dem Uneinig-Sein. Jesus spricht vorher darüber, wie wir handeln sollen, wenn jemand ein Unrecht begangen hat. Und dann sagt er einen Vers vorher: »Wenn zwei von euch auf der Erde gemeinsam um irgendetwas bitten, wird es ihnen von meinem Vater im Himmel gegeben werden.« (Matthäus 18,19). Es geht also darum, dass wir uns einig sein sollen. Wir sollen *gemeinsam* um etwas bitten, in *einer* Gesinnung und nicht zerstritten jeder seinen Weg verfolgen.

Dennoch denke ich, dass es Jesus auch um die physische Gemeinschaft geht. Wie hat er es denn gehalten? Es gibt nur sehr wenige Bibelstellen, in denen Jesus alleine war. Die meiste Zeit verbrachte er mit anderen. Und ich denke, dass es ihm wichtig ist, dass auch wir andere Menschen an unserer Seite haben.

Wie ich bereits erzählte, habe ich hier in Leipzig eine Gemeinde. Ich fühle mich darin sehr wohl, da wir ein (zumindest für die Verhältnisse, die ich so kenne) buntgemischter Haufen sind und die Atmosphäre locker und offen ist. Trotzdem fällt es mir schwer in das Gemeinschaftsgefühl einzutauchen. Geht es um gemeinsame Aktionen, Hauskreise oder was auch immer, klinke ich mich immer sehr schnell aus. Das rührt sicherlich da her, dass ich eben schon immer eher der Einzelgänger war und nicht so gerne auf andere zugehe. Ich weiß, dass das nicht unbedingt super ist, aber ich hab ja schließlich auch nie behauptet, dass ich perfekt bin. Ich muss eben auch noch einiges lernen und diese Reise ist nun mal kein abgeschlossener Prozess. Dass ich aber nicht nur für mich bleiben soll, hat mir Gott ziemlich deutlich gezeigt.

Vor ein paar Jahren hatte ich etwas in mir, das ich kaum beschreiben kann. Es war wie eine innerliche Stimme, die mich zum Wahnsinn brachte. Immer, wenn ich etwas tat, bekam ich das Gefühl, dass das wahnsinnig schlimme Auswirkungen haben wird. Habe ich beispielsweise jemandem etwas erzählt, machte ich mir sofort Gedanken darüber, wie derjenige das aufnehmen würde, was er daraus schlussfolgerte, welche Konsequenzen das in gefühlten zehn Jahren mit sich bringen könnte. Ich war alles andere als frei und betete täglich zu Gott, dass diese Stimme (für mich war es eine dunkle Macht) endlich verschwinden soll. Immer wieder ging ich in mein stilles Kämmerlein und versuchte diesen Kampf allein zu bestreiten. Ich zweifelte und fragte Gott, warum er mich so leiden ließ und ob er es nicht einfach wegnehmen könne. Damals und auch heute bin ich mir sicher, dass er das einfach hätte tun können. Er hätte mit dem Finger schnipsen und dieses Böse vertreiben können. Aber hätte er es auf Anhieb gemacht, hätte ich nichts daraus gelernt. Zum einen bin ich froh, dass ich das durchgemacht hab, da ich heute (an jedem einzelnen Tag) dankbar dafür bin, dass es mir gut geht. Glaubt mir Leute, wenn man so eine Phase hinter sich hat, kommen einem Geldsorgen oder andere Probleme völlig banal vor. Zum anderen hat Gott mir gezeigt, dass ich nicht immer alles alleine schaffen kann. Nachdem ich unzählige Male dafür gebetet habe, dass Gott mir hilft, ging ich zu unserem Gemeindediakon, der für uns Jugendliche immer ein offenes Ohr hatte und zudem mein Mentor war. Ich überwand mich und erzählte ihm meine ganze Geschichte von den Zwängen, der Angst, der ganzen Last. Wir führten ein langes Gespräch und am Ende beteten wir gemeinsam und er erbat den Segen für mich. Ich würde lügen, wenn ich behaupten würde, dass diese Gedanken auf einmal vollkommen verschwunden waren. Aber ich wusste ab diesem Moment, dass es besser werden würde. Ab diesem Abend waren die Gedanken nur noch halb so stark und mit der Zeit verschwanden sie immer mehr. Ich war geheilt.

Die Wege des Herrn sind unergründlich![1] Und doch führt er alles zum Besten.

Gott hatte mir damit also gezeigt, dass ich nicht alles allein schaffen kann. Und dennoch denke ich, ist es okay, wenn ich mich jetzt nicht voll in meine Gemeinde reinhaue und jede freie Sekunde dort verbringe. Mit Gott unterwegs zu sein, ist eine lange Reise, auf der mit Sicherheit noch viel kommen kann und wird. Und wer weiß, wie es in einem Jahr aussieht? Vielleicht zeigt mir Gott auf (hoffentlich) andere Weise, dass ich noch mehr in Gemeinschaft leben soll. Aber selbst, wenn ich immer wieder versage, so weiß ich, dass er mir (∞) gnädig ist und (wie ein Plektrum) an mir haften bleibt.

Wenn wir von Gemeinschaft und Einheit reden, so kommt natürlich auch sofort das Stichwort *Kirche* auf. Sind wir eine einheitliche Kirche? Können wir überhaupt mit den zahlreichen Konfessionen von *einer* Kirche sprechen? Auch hier will ich mich nicht zu sehr auf kirchengeschichtlichen Boden begeben. Aber wie ich weiter vorn schon berichtete, lernte ich (als Unwissender über alles, was über die evangelische Kirche hinaus geht) auf einem Seminar diesen katholischen Priester kennen. In unserem Gespräch fiel ein Satz, der mich sehr zum Nachdenken anregte. Ich erzählte ihm gerade von der Struktur meiner Gemeinde und auf einmal fragte er mich (mit einem Lächeln auf den Lippen und vielleicht auch mehr zum Spaß), ob wir eigentlich einen Papst hätten. Diese Frage hatte im Nachhinein zwei Dinge in mir ausgelöst. Einerseits fragte ich mich, ob wir wirklich von *einer* Kirche unter uns Christen sprechen konnten, wenn die eine Konfession so wenig über die andere weiß. Aber andererseits brachte mich das auch dazu, darüber nachzudenken, dass wir unsere Blickwinkel ändern müssen. Ich war schon ein wenig *»entsetzt«* darüber, wie wenig ein katholischer Priester über die evangelische Kirche weiß. Genauso fand ich es befremdlich, dass es im katholischen Glaubensbekenntnis »Ich glaube an den Heiligen Geist, die heilige *katholische* (und nicht *christliche*) Kirche« heißt. Das war ein Punkt, an dem ich dachte, dass wir tatsächlich einen großen Zwiespalt in unseren Konfessionen haben. Aber nichtsdestotrotz müssen wir uns bewusst machen, dass wir *einen* Glauben an den *einen* Gott haben. Meine ersten Gedanken bei dieser *»Konfrontation«* waren, dass die Katholiken das doch »*falsch*« machten. Aber als ich ein Stück darüber nachgedacht habe, wurde mir klar, dass es den Katholiken im Hinblick auf den Protestantismus nicht anders ergehen wird. Wir müssen den Schritt wagen, die Perspektive zu wechseln. Liturgien und Rituale sollten nicht im Vordergrund stehen und uns auseinandertreiben. Wir sollen uns *geistig* einig sein. Unser Glaube soll in Jesus verwurzelt sein. Alles andere ist Kleinkram.[2]

»Gemeinsam sind wir stark!« Ein zwar abgedroschener und doch so wichtiger Satz. Lasst uns *eine* Familie sein, *gemeinsam* aufstehen und *zusammen* an Gottes Reich hier auf Erden bauen.

»Fang an endlich mal zu lachen und mit dem Herzen zu sehn«

Nachdem ich dir nun einige Gedanken mit auf den Weg gegeben habe, muss ich dich noch einmal fragen: Glaubst du an ein Leben *vor* dem Tod? Ganz ehrlich, ich freue mich riesig darüber, wenn du ein paar meiner Ideen aufschnappst und anfängst über das, was du tust, nachzudenken. Aber letztlich kommt es nur auf dich an. Denn was wirklich wichtig ist, entscheidest du.

Mir ist bewusst, dass ich in diesem Buch mit Sicherheit nicht alles bedacht habe, es zu den einzelnen Gedanken kontroverse Meinungen gibt und vielleicht auch nicht alles korrekt ist. Aber schlussendlich sind das eben *meine* Ansichten und ich denke (so wie ich Glaube für mich erfahren habe), dass auch einiges, von dem ich hier erzähle, Gott für ganz gut halten wird.

Ich könnte an dieser Stelle ein Resümee aller Kapitel ziehen, die Inhalte noch einmal zusammenfassen und das Wichtigste wiederholen. Aber letztendlich wird dich das auch nicht überzeugen. Du musst deine eigenen Erfahrungen mit Gott machen. Habe nur die nötige Offenheit sie zuzulassen. Und denk daran, wie es bei mir und meinen Brüdern war: Es wird nicht so sein, dass du von heute auf morgen ein komplett anderes Leben führst. Aber du kannst von heute auf morgen deine innere Haltung, deine Einstellung und Meinung ändern. Du kannst jetzt damit anfangen, dein Herz neu auszurichten. Alles andere wird sich dann ergeben. Womöglich wirst du immer wieder scheitern, aber das ist okay. Es kommt darauf an, dass du es jeden Tag, jede Stunde aufs Neue probierst. Es ist ein Prozess, eine Reise, die wir mit Gott gehen und die Schritt für Schritt ihre Früchte bringt.

Ein wunderbarer Spruch, den ich vor einiger Zeit gelesen habe, drückt sehr gut aus, wie wir das Leben anpacken können.[1]

»Dieses Leben ist manchmal auch nicht unbedingt meine Party, aber da ich nun mal eingeladen bin, werde ich auch tanzen.«

Leute, wir sind eingeladen, also lasst uns auch tanzen! Lasst uns nicht einfach nebeneinander her leben, in der Hoffnung, ein baldiges Ende zu finden. Lasst uns unsere Zeit, die wir hier auf Erden haben, sinnvoll nutzen und nicht mit Nichtigkeiten vergeuden.

Passend dazu gibt es noch einen letzten Songtext, den ich euch gerne zeigen würde. Es ist eines der aktuellsten Lieder, die ich geschrieben habe und eine Art *Fünf-Minuten-Text*. Eines Abends saß ich im Bett und habe einfach drauf losgeschrieben und den Text, der in nicht mal fünfzehn Minuten fertig war, fast unverändert übernommen. Nennt es, wie ihr wollt, aber ich bin mir sicher, dass diese Zeilen nicht allein aus meiner Feder stammen.[2]

Zu Haus

Jemandem das Leben zu erzählen und ihn dann weiter noch zu quälen, ist, als ob die Sorge dieser Welt uns morgen wieder nicht gefällt.

Um das alles wirklich zu verstehen, kann man seinen Kopf ein wenig drehen, kann man seine Augen schließen. Dann fängt alles wieder von vorne an.

Von vorne ist noch alles gut, haben wir den allergrößten Mut, haben wir die allergrößte Lust, stillt kein einziges Wort unseren Durst.

Am Ende ist es dann sehr schwer, gefällt uns absolut gar nichts mehr, sehen wir in dem Nichts nur noch den Sinn, haut das alles nicht mehr hin.

Doch immer diese Zweifel, immer diese Angst. Immer dieser Eifer bis du nicht mehr kannst. Immer diese Unlust, immer dieser Schmerz, immer diese Frage: Ist es das denn wirklich wert?

Und die Antwort, mein Freund, die Antwort bereut nur der, der sie nicht gibt. Und die anderen, mein Freund, die anderen bereuen nur das, was dich so liebt.

Und ich kann es echt nicht glauben, lässt den Ideen keinen Raum, denn du bist immer nur in hast, achtest immer nur auf das, was du machst.

*Und ich kann dir nicht vertrauen, denn all die hübschen
Bauten reißt du immer wieder ein, haust du immer wieder klein.
Schaust dir immer wieder dein kaputtes Leben an, setzt
die Brille auf und dann kannst du hier überhaupt nichts
mehr sehen,
fängst dich an im Kreis zu drehen, verlierst das Gefühl
für Raum und Zeit.
Bist bereit, fühlst dich befreit, schaust dich um und
fragst:* »Warum?«
*Warum ist alles schwarz, schwarz, schwarz und nicht
bunt, bunt, bunt? Öffnest deinen Mund und Stunde für
Stunde, Sekunde für Sekunde wird's dir klar
und deine verwundete Seele erfährt, dass der ganze
Ballast verschwindet und er findet seinen Weg aus dir
heraus.
Du bist zu Haus, du bist zu Haus, du bist zu Haus.*

Bist du schon zu Haus? *Lebst* du schon ein Leben vor
dem Tod oder wartest du vorsichtshalber noch ab? Ich
kann dir nur raten, den Schritt zu wagen und loszuge-
hen. Begib dich auf diese Reise und fang an mit dem
Herzen zu sehen. Aus meiner Erfahrung kann ich sagen,
dass diese Art zu leben wunderbar ist (und das Ziel wird
es erst recht sein). Mach deine eigenen Erfahrungen.
Sorry, wenn ich da so pathetisch werde, aber mir ist es
wichtig dich zu hinterfragen. Glaubst du an ein Leben
vor dem Tod?

Nachwort

» Ich bin mir ganz sicher, es geht, wenn man es will!«

Es geht tatsächlich.

Sooft habe ich angefangen ein Buch zu schreiben um letztendlich immer wieder an meiner eigenen Kritik zu scheitern. Dieses hier ist das erste, das es bis auf die letzte Seite geschafft hat und darüber bin ich wahnsinnig froh. Es musste wohl doch erst ein christliches Buch werden und kein banaler Roman (wobei der wohl das nächste Projekt werden wird), um das Ganze zu einem Ende zu bringen.

Als Kind habe ich meinen Eltern immer erzählt, dass ich mit achtzehn mit dem Rauchen beginnen, nach Berlin ziehen und Autor werden will. Okay, bis Berlin hat es nicht ganz gereicht und das Rauchen ging auch erst mit neunzehn los, aber mit diesem Buch hier hab ich dann doch so in etwa alles erreicht, was ich mir vorgenommen hatte (und über die Diskussion, ob rauchen okay ist oder nicht, können wir uns in einem späteren Buch unterhalten).

Nun sei es daran ein paar Danksagungen loszuwerden.

Zuallererst danke ich Gott. Ich danke Gott dafür, dass er mir all die Ideen, Erfahrungen, Eindrücke, Geschichten und vieles mehr gibt und ich dadurch überhaupt erst so viel zu erzählen habe. Ich danke ihm dafür, dass er mir die Zeit für solche Projekte schenkt (und trotzdem einen Job, der genialer kaum sein könnte). Und – ganz unabhängig von diesem Buch – danke ich ihm für seine unvoreingenommene Liebe.

Außerdem danke ich meiner Frau Jule, die mich immer wieder bei all meinen verrückten Projekten und Hobbys unterstützt und mir in jeder Situation zur Seite steht.

Des Weiteren möchte ich mich bei allen Menschen (auch die, die nicht namentlich genannt wurden) für die Inspirationen, Ideen und Gedankenanstöße, die Gespräche und Diskussionen, die wir immer wieder führen, bedanken.

Auch dir, der du diese Zeilen gerade liest, möchte ich danken. Es ist schön zu wissen, dass meine Gedanken nicht alleine bleiben und ich hoffe, dich mit ein paar Ideen dieses Buches angesprochen zu haben.

Zum Schluss geht ein ganz spezieller Dank an einen Freund von mir, der ebenfalls ein Buch schrieb. Die Sache ist nur, dass es von ihm kein Wunsch seit Kindheitstagen war und er das Ding in gut zwei Wochen fertig hatte. Als ich das erfahren hab (nebenbei bemerkt, da war es schon veröffentlicht), war ich begeistert und bekam eine ganz neue Motivation zum Schreiben. Er sagte zu mir den Satz: »Irgendwann musst du dir bewusst machen, dass es geschehen wird.« (das Buch zu veröffentlichen).

Dieser Freund war (zumindest zum Ende hin) eine der größten Antriebskräfte für mich, obwohl er das mit Sicherheit nicht beabsichtigte. Und das ist ein großartiges Beispiel, wie es in unserem Leben laufen kann. Es kommt nicht immer darauf an, wie andere auf uns reagieren, sondern darauf, dass wir es einfach machen.

Irgendwann musst du dir bewusst machen, dass es geschehen wird. Und wenn es dann tatsächlich geschieht, ist es das Wunderbarste dieser Welt.

Anmerkungen

»Ich frage dich, sag mal lebst du eigentlich?«

1 Das Buch, welches ihr unbedingt von ihm lesen müsst, ist: »Ich muss verrückt sein so zu leben: Kompromisslose Experimente in Sachen Nächstenliebe« (Brunnen, Gießen 2007). Außerdem sind von ihm noch im Deutschen erschienen (und mindestens genauso lesenswert): »Jesus for President: Kompromisslose Experimente in Sachen Politik« (mit Chris Haw; Brunnen, Gießen 2009); »Gott antwortet anders. Kompromisslose Experimente in Sachen Gebet« (mit Jonathan Wilson-Hartgrove; Brunnen, Gießen 2010); »Komm mit mir in die Freiheit« (mit John Perkins; Cap Books, Haiterbach-Beihingen 2011); »Die Jesus-Revolution. Was passiert, wenn wir ihn beim Wort nehmen« (mit Tony Campolo; Gerth, Asslar 2014).

2 Beispielsweise sind alle Kapitelüberschriften aus Liedtexten meiner Band entnommen. Die gesammelte Liste findet ihr am Ende des Buches.

3 Da es ein Anliegen dieses Buches ist, möglichst unkompliziert und einfach zu sein, möchte ich allen, die vielleicht nicht wissen, was *altruistisch* ist, sagen, dass es das Gegenteil von egoistisch meint.

»Ob Laufsteg oder Lauf zum Steak«

1 »Titanic«. R.: James Cameron. USA 1997.

2 »Das geheime Fenster«. R.: David Koepp. USA 2004.

3 Leute, ich könnte ein eigenes Buch über gute und dann noch eins über richtig gute Filme schreiben, aber das würde an dieser Stelle wohl etwas zu weit gehen.

4 »Fight Club«. R.: David Fincher. USA 1999.

5 Für alle christlichen »Fight Club« Fans: Schaut mal in der Bibel in das Buch Prediger. Hier gibt es einige interessante Stellen, die entweder aus dem Film hätten stammen oder auf den Film hätten Einfluss nehmen können.

6 »Gott antwortet anders. Kompromisslose Experimente in Sachen Gebet« (Shane Claiborne und Jonathan Wilson-Hartgrove; Brunnen, Gießen 2010), S. 30.

7 »Gott antwortet anders. Kompromisslose Experimente in Sachen Gebet« (Shane Claiborne und Jonathan Wilson-Hartgrove; Brunnen, Gießen 2010), S. 31.

8 Diesen Gedanken führen Shane Claiborne und John M. Perkins in ihrem Buch »Komm mit mir in die Freiheit« (Cap Books, Haiterbach-Beihingen 2011; S. 31) auf.

9 Wenn du wissen willst, was seine Antwort war, musst du schon selbst in Markus 2 (Verse 13-17) nachschauen (... oder du liest das Buch weiter und erfährt es eventuell in Kapitel 4).

10 Ms. Erfolg: »Was ist es?« (M&T: Ramón Heberlein, noch nicht veröffentlicht).

Mir ist bewusst, dass ziemlich viele meiner Texte großen Interpretationsspielraum lassen. Diese Freiheit sei jedem Leser und Hörer gegönnt. Immerhin ist es nicht Ziel, alles vorzukauen, sondern zum Nachdenken anzuregen.

11 »Gott antwortet anders. Kompromisslose Experimente in Sachen Gebet« (Shane Claiborne und Jonathan Wilson-Hartgrove; Brunnen, Gießen 2010), S. 125.

12 Mehr dazu gibt es in Kapitel 7 (»Bist du bei mir, bin ich bei dir, sind wir immerhin zu zweit hier«).

13 Diese Geschichte gibt es in mehreren Variationen. Diese hier ist entnommen aus dem Online-Magazin »Zeit zu leben«.

»Eine Lehrstunde der besonderen Art« (Stephen R. Covey; Zeit-Zu-Leben-Verlags- und Trainingsgesellschaft mbH, Lüneburg 2015 – Stand 04.02.2015).

http://www.zeitzuleben.de/2696-eine-lehrstunde-der-besonderen-art/.

»Nur ein Stückchen mit dir gehen«

1 Entnommen aus: derStandard.at
»Studie: Viele Feuerwaffen, viele Tote« (Oscar Bronner, Dr. Alexander Föderl-Schmid (Hg.); derStandard.at GmbH, Wien 2015 – Stand 04.02.2015).
http://derstandard.at/1379291321776/Studie-Viele-Feuerwaffen-viele-Tote.

2 Weitere Geschichten sind nachzulesen in meinem bald erscheinenden Buch »The amazing American« (kleiner Scherz).

3 Entnommen aus: »Der Kleine Katechismus« von Martin Luther.
»Die Zehn Gebote« (Evangelische Kirche in Deutschland (Hg.); EKD-Online-Redaktion, Hannover 2015 – Stand 04.02.2015).
http://www.ekd.de/glauben/zehn_gebote.html.

4 Und mit *Ehepartner* ist im biblischen Sinn nicht nur die Person gemeint, die du nach unserem Verständnis geheiratet hast. Wenn es dich genauer interessiert, recherchier mal selbst, da eine detaillierte Erklärung an dieser Stelle nicht ganz den Zweck erfüllen würde.

5 »Tolstoj als theologischer Denker und Kirchenkritiker« (Martin George, Jens Herlth, Christian Münch, Ulrich Schmid (Hg.); Vandenhoeck & Ruprecht GmbH & Co. KG, Göttingen 2014), S. 228, Fußnote 3.

6 »Das 10 Sekunden Prinzip: Tu als Nächstes einfach das, von dem du ziemlich sicher bist, dass Jesus es möchte« (Clare De Graaf; SCM R. Brockhaus, Witten 2014), S. 89-90.

7 Die Sache mit dem *ehrlichen Herzen* wird später noch oft zum Gegenstand dieses Buches werden. Genauso der Gedanke, dass manchmal der Körper (die Taten) vorausgehen kann/sollte, damit das Herz folgt (Kapitel 7 »Bist du bei mir, bin ich bei dir, sind wir immerhin zu zweit hier«).

»Du siehst die allerschönsten Farben, hast die allerschlimmsten Narben«

1 »Ich muss verrückt sein so zu leben: Kompromisslose Experimente in Sachen Nächstenliebe« (Shane Claiborne; Brunnen, Gießen 2007).

2 »Ich muss verrückt sein so zu leben: Kompromisslose Experimente in Sachen Nächstenliebe« (Shane Claiborne; Brunnen, Gießen 2007), S. 54.

3 Die Geschichte steht in Johannes 9,1-12.

4 Diese Geschichte findet ihr in Matthäus 21,1-11.

»Hab so viel davon verschwendet, hab so viel davon bereut«

1 »The Grace Card«. R.: David G. Evans. USA 2010.

2 »Gott antwortet anders. Kompromisslose Experimente in Sachen Gebet« (Shane Claiborne und Jonathan Wilson-Hartgrove; Brunnen, Gießen 2010), S. 125.

3 »Eat Pray Love«. R.: Ryan Murphy. USA 2010.

4 Ich bekomme den Witz nicht mehr wortwörtlich hin, aber auf die Pointe kommt es an.

5 Natürlich gibt es beispielsweise im Jakobusbrief eine Stelle, die kontrovers zu dem hier Gesagten erscheint:»Genauso ist es auch mit dem Glauben: Wenn er allein bleibt und aus ihm keine Taten hervorgehen, ist er tot.« (Jakobus 2,17). Es geht dabei aber immer um die Herzenshaltung. Es könnte ein eigenes Buch darüber geschrieben werden, ob nun der Glaube oder die Taten mehr zählen, aber das möchte ich einerseits an dieser Stelle gar nicht weiter erörtern und andererseits denke ich, dass beides zwar vorhanden sein sollte, aber letztendlich die Taten aus dem Glauben und der darin vorkommenden Liebe heraus aus freiem Herzen entstehen (sollten). Paulus schreibt ja auch, dass es nicht um die Taten geht, wie das Gesetz sie fordert. *Liebestaten* sind da nochmal ein anderes Thema.

6 »Nachfolge« (Dietrich Bonhoeffer; Christian Kaiser Verlag, München 1937).

7 Eine Möglichkeit diesem *reinen* Herzen näher zu kommen, versuche ich in Kapitel 7 (»Bist du bei mir, bin ich bei dir, sind wir immerhin zu zweit hier«) zu beschreiben.

8 Natürlich gibt es auch hierzu wieder kontroverse Bibelstellen, aber das Ganze zu vertiefen würde sicher in einer Theologiedebatte enden, weshalb ich darauf nicht näher eingehen möchte. Doch lest vielleicht erst einmal weiter, damit ich euch meine Ansichten näher bringen kann.

9 »To Save a Life«. R.: Brian Baugh. USA 2009.

10 Aus einer Kritik auf video.de.
»To Save a Life – Inhalt & Kritik« (video.de; GIGA Digital AG, Berlin o. J. – Stand 05.02.2015).
http://www.video.de/videofilm/to-save-a-life-dvd-kauf/152619.

11 Wenn du wissen willst, was sie noch alles ist, schau mal in das sogenannte »Hohelied der Liebe«: 1. Korinther 13.

12 Ms. Erfolg: »Ein Leben retten« (M&T: Ramón Heberlein, noch nicht veröffentlicht).

»Wie kann man mit dir leben ohne sein Leben zu verlieren?«

1 Nach der Übersetzung: Lutherbibel in der revidierten Fassung von 1984, durchgesehene Ausgabe in neuer Rechtschreibung. © 1999 Deutsche Bibelgesellschaft, Stuttgart.

2 Hier sind wir an dem Punkt, den ich bereits in Kapitel 3 (»Nur ein Stückchen mit dir gehen«) angesprochen habe.

3 »Gott antwortet anders. Kompromisslose Experimente in Sachen Gebet« (Shane Claiborne und Jonathan Wilson-Hartgrove; Brunnen, Gießen 2010), S. 149.

»Bist du bei mir, bin ich bei dir, sind wir immerhin zu zweit hier«

1 Nach Römer 11,33.

2 Nebenbei bemerkt, hat sich mein (vorurteilhaftes) Bild eines *weltfremden* katholischen Priesters auch ein ganzes Stück geändert.

»Nachwort«

1 Diesen Spruch gibt es an vielen Stellen des Internets. Entnommen ist dieser hier von der Website von Martina Splettstößer.
»Zitate-Archiv« (Martina Splettstößer; Kobern-Gondorf 2015 – Stand 04.02.2015).
http://www.martina-die-erste.com/downloads/
spruechearchiv.txt.

2 Ms. Erfolg: »Zu Haus« (M&T: Ramón Heberlein, noch nicht veröffentlicht).

Der Soundtrack zum Buch

Alle Kapitelüberschriften sind aus Liedtexten meiner Band Ms. Erfolg entnommen. Hier findet ihr eine Übersicht aller Zeilen mit dem jeweils dazugehörigen Lied. Der »*Soundtrack zum Buch*«, wenn man so will.

1 »Ich frage dich, sag mal lebst du eigentlich?«

Ms. Erfolg: »Immerzu« (M&T: Ramón Heberlein, noch nicht veröffentlicht).

2 »Nur ein Stückchen mit dir gehen«

Ms. Erfolg: »Nur ein Stückchen« (»6 Trucks & Flow'n'Roll«, 2014, M&T: Ramón Heberlein, Dusk Music).

3 »Du siehst die allerschönsten Farben, hast die allerschlimmsten Narben«

Ms. Erfolg: »Immerzu« (M&T: Ramón Heberlein, noch nicht veröffentlicht).

4 »Hab so viel davon verschwendet, hab so viel davon bereut«

Ms. Erfolg: »Nirgendwo« (»6 Trucks & Flow'n'Roll«, 2014, M&T: Ramón Heberlein, Dusk Music).

5 »Hab betrogen, hab verraten, hab geweint und hab gelacht«

Ms. Erfolg: »Nirgendwo« (»6 Trucks & Flow'n'Roll«, 2014, M&T: Ramón Heberlein, Dusk Music).

6 »Wie kann man mit dir leben ohne sein Leben zu verlieren?«

Ms. Erfolg: »Ein Leben retten« (M&T: Ramón Heberlein, noch nicht veröffentlicht).

7 »Bist du bei mir, bin ich bei dir, sind wir immerhin zu zweit hier«

Ms. Erfolg: »Auf schöne Art und Weise« (»Auf schöne Art und Weise« (Single-CD), 2014, M&T: Ramón Heberlein, Tricalogi).

8 »Fang an endlich mal zu lachen und mit dem Herzen zu sehn«

Ms. Erfolg: »Schönen guten Tag« (»6 Trucks & Flow'n'Roll«, 2014, M&T: Ramón Heberlein, Dusk Music).

9 »Ich bin mir ganz sicher, es geht, wenn man es will!«

Ms. Erfolg: »Es geht« (M&T: Ramón Heberlein, noch nicht veröffentlicht).

Übrigens ... An der Ampel sind alle Autos gleich.